Wilton Kullmann – **Wissen von morgen**

Wilton Kullmann

Wissen von morgen

Klärung mysteriöser Ereignisse
Deutung rätselhafter Naturerscheinungen
Lüftung uralter Geheimnisse

W. ENNSTHALER VERLAG, A-4402 STEYR

Durch Forschen zu Erkenntnissen,
durch Denken zu Ergebnissen,
durch Handeln zu Erlebnissen.

„Mehr Gesundheit durch mehr Wissen“

ISBN 3 85068 395 8

Satz, Druck und Verlag: Wilhelm Ennsthaler, A-4402 Steyr

Inhalt

Vorwort

Dinge, Ereignisse und Erscheinungen, die sich nicht mit den uns bekannten Gesetzen der Physik, Chemie, Geologie, Medizin, Mathematik etc. in Einklang bringen lassen, die wir uns mit unserem menschlichen Verstand nicht erklären können und bei denen wir keinen kausalen Zusammenhang von Ursache und Wirkung erkennen und nachweisen können, sehen wir als mysteriös und geheimnisvoll an.

Etablierte Wissenschaftler weisen sie als nichtexistente Hirngespinste, Sinnestäuschungen und Hokuspokus ab, oder wenn dies nicht möglich ist, erstellen sie Hypothesen mit oft unterschiedlichen oder gar widersprüchlichen Aussagen. Schließlich kann es auch sein, daß man, wie in der strengen Medizin, die Ursache zu bestimmten Krankheiten schlicht und einfach als unbekannt erklärt.

Der Volksmund erfindet Sagen und märchenhafte Wesen, und die Naturvölker glauben an böse Geister, die sie zu vertreiben versuchen oder denen sie Opfer bringen, um sie positiv zu stimmen.

Durch seine vieljährige Intensivforschung gelangte der Autor zu den Grundgesetzen der Erd- und Gestirnstrahlen und stellte fest, daß diese die Schlüssel zum Klären und Deuten unzähliger Phänomene sind, welche die Menschheit größtenteils seit ihrer Existenz beschäftigen.

Der Autor ist sich bewußt, daß seine Erkenntnisse, die auf einer reinen Logik beruhen, und die im Experiment nachzustellen sind, viele der zur Zeit noch geltenden, oft widersprüchlichen Hypothesen ausräumen werden, was in Kreisen jener Wissenschaftler, deren Wissen sich ausschließlich auf Hörsaalwissen beschränkt, auf Widerstand stoßen könnte. Er hofft jedoch, daß sich forschende Wissenschaftler mit seinen Erkenntnissen auseinandersetzen, und diese bestätigen werden, denn diese neuesten Erkenntnisse werden in mehreren Wissenschaftsgebieten von zukunftsweisender Bedeutung sein.

Prioritätsanspruch

Im einzelnen erhebe ich Prioritätsanspruch auf folgende Erkenntnisse:

1. Die Erforschung der physikalischen Grundgesetze, denen die Erdstrahlen und die Gestirnstrahlen unterworfen sind,
2. die Entwicklung von Meßgeräten und Meßverfahren zur direkten und indirekten Messung von Erd- und Gestirnstrahlen,
3. die Entwicklung von Maßnahmen und Schutzgeräten gegen die Erdstrahlen und Störfaktoren,
4. die Entwicklung von Verfahren zur Beseitigung, Umwandlung und Nutzung der Erdstrahlen,
5. die Deutung rätselhafter Naturerscheinungen, die Klärung mysteriöser Ereignisse und die Lüftung uralter Geheimnisse,
6. die Klärung der Wirkmechanismen bekannter Haus- und Heilmittel, ferner angewandter Heil- und Diagnoseverfahren sowohl der Schulmedizin als auch der Naturheilkunde,
7. die Entdeckung der Gestirnstrahlen als den gemeinsamen Faktor aller Schmerzbefreiung (nicht Betäubung) und Heilung,
8. die systematische Entwicklung von mehr als zehn hochwirksamen Naturheilverfahren mit Gestirnstrahlen, welche in wenigen Sekunden (Sekundenphänomen) zur völligen Schmerzfreiheit führen und bei Daueranwendung und gleichzeitiger Verabreichung von entsprechenden Aufbaustoffen nahezu jede als unheilbar geltende Krankheit zur Heilung bringen können.

Anm. Kontraindikation:
Gicht und Entzündungen. Die Symptome einer Entzündung sind: Dolor = Schmerz, Tumor = Schwellung, Rubor = Rötung, Kalor = Wärme; sowie Bewegungseinschränkung. Hier sollte man eher strahlenverdrängende Therapien anwenden bzw. bei Gicht die Gestirnstrahlen auf die Nieren einwirken lassen.

Dies berechtigt zur Aussage:

ES GIBT FAST NICHTS, WAS NICHT ZU HEILEN GEHT,
DOCH GIBT'S FÜR JEDE HILFE EIN „ZU SPÄT".

Die meisten unserer schwersten und als unheilbar geltenden Krankheiten, deren Ursache bislang noch unbekannt ist, könnte man vermeiden, indem man den blockierenden Erdstrahlen einerseits und andererseits den gesundheitsnotwendigen Gestirnstrahlen die ihnen gebührende Beachtung schenken würde. – „Vorbeugen ist besser als Heilen".

W. Kullmann

Die Bedeutung der Erdstrahlung

Lassen Sie mich mit unserer Erde und ihrer Strahlung beginnen. Bekanntlich ist die Temperatur im Erdmittelpunkt mehrere tausend Grad Celsius. Fragen wir uns nach der Energiequelle für diese Temperatur, so kann man eine Fremdenergie z. B. durch die Sonne ausschließen, denn in diesem Fall wäre die Erdoberfläche wärmer als das Zentrum. Würde diese Temperatur die Abstrahlung einer einmaligen vorausgegangenen Aufheizung darstellen, so müßte die Erde in den vielen Millionen (ca. 1,6 Milliarden Jahre) von Jahren seit ihrer Existenz schon abgekühlt sein, und die Eiszeiten müßten statt hinter uns, vor uns liegen. Demzufolge muß es sich um eine permanente unerschöpfliche Energiequelle handeln. Der Sitz dieser Energiequelle muß im Erdzentrum sein, denn bei einer exzentrischen Lage würden sich die Klimagürtel um diesen Punkt anordnen, und die Sonnenenergie hätte eine weit geringere Bedeutung. Was die Erdwärme als ganzes betrifft, so spielt die Sonnenenergie hierzu nur eine untergeordnete Rolle, aber sie ist das Zünglein an der Waage. Wenn man sich klarmacht, daß z. B. bei einem elektrischen Heizgerät die Wärmewirkung mit der Entfernung abnimmt, so müßten die höchsten Gipfel, die der Sonne am nächsten sind, am heißesten und schee- und eisfrei sein, was nicht der Fall ist, denn diese Gipfel sind vom Erdzentrum am weitesten entfernt. Es ist die gleiche Situation wie bei den Händen und Füßen im Winter, weil sich hier die Körperwärme am geringsten auswirkt. Man bringt die Hände in die körpernahen Hosentaschen. Die Sonnenstrahlen selbst sind kalt und haben nur eine wärmende Wirkung, wenn sie auf eine Materie (so auch die Lufthülle) auftreffen, die sie nicht wegreflektiert. Die erwärmte Luft steigt hoch wobei sie sich ausdehnt. Hierdurch wird eine Abkühlung bewirkt, daher hat man in ca. 10.000 Metern Höhe Temperaturen um 40°C minus. Trotzdem sind Klimagürtel und Jahreszeiten auf den Einfluß der Sonne zurückzuführen.

Was nun das eigentliche Energiezentrum der Erde betrifft, so müssen sich im NIFE, d. h. Nickeleisenkern kontinuierlich Atomreaktionen ähnlich wie in unseren Atomreaktoren abspielen, bei denen unvorstellbare Energiemengen freiwerden. Hierbei entstehen verschiedene elektromagnetische Wellen, die je nach ihrer Ladung unterschiedliche Materialzonen in der Erdkruste in Richtung Erdoberfläche ansteuern.

Es sind dies negative Strahlen, positive Strahlen und radioaktive Strahlen. Die gleichen 3 Strahlenarten werden ebenso in den Atomreaktoren frei. Hierbei werden die radioaktiven Strahlen mit der Frequenz 10^{17} bis 10^{19} von dem Beton-Bleimantel abgeschirmt, während die negativen Strahlen der Frequenz 10^{21} die Abschirmung durchdringen und senkrecht nach oben zu den Gestirnen gehen. Die positiven Strahlen der gleichen Frequenz durchdringen ebenso die Abschirmung und gehen bei nahezu waagrechtem Verlauf in weiter Umgebung zur Erde. Durch eine Fotoanalyse an einem Reaktorbild kann der Nachweis hierfür erbracht werden. Auch am Foto einer Atomexplosion lassen sich 4 Phasen (negativ, neutral, positiv, neutral) nachweisen. Nach meinen Großflächenentstörungen waren die gleichen 4 Phasen ebenso feststellbar. Auch sind dieselben unmittelbar an den Meeresküsten feststellbar.

Die negativen Strahlen der Erde, die alleine wir im Volksmund als „Erdstrahlen" bezeichnen, wandern in das feuerflüssige Magma und von dort stufenweise nach Übersättigung von Kohlen- und Erzlagern etc. durch erstarrte Gesteinsschichten hindurch nach oben, wobei sie sich in feuchten Erd- bzw. Luftschichten an Gesteinsverwerfungen im kritischen Winkelbereich und an Wasser konzentrieren. Danach durchwandern sie gebündelt unseren Lebensbereich, wobei sie durch Einrichtungsgegenstände etc. umgelenkt, reflektiert oder nochmals weiter gebündelt werden können, um schließlich ferne Sterne positiver Ladung anzusteuern. Bei aufrechter Körperhaltung (Richtcharakter) durchfließen sie rückstandslos den menschlichen Körper, während sich schon bei annähernd waagrechter Körperlage (unter 30 Grad) an der betreffenden Körperstelle eine Strahlenblockade bildet, durch welche die Durchblutung und Regeneration gestört wird, was wiederum Ursache für fast alle chronischen Krankheiten ist, deren Ursachen in der Regel nicht bekannt sind.

Die positiven Strahlen der Erde durchwandern ebenso die erstarrten Gesteinsschichten, doch sie werden überwiegend von dem salzhaltigen Meerwasser, ferner von Quarzgestein und bewegtem Wasser angezogen. Man bezeichnet ihre Felder als Orte der Kraft. Die radioaktiven Strahlen der Erde haben, wie erwähnt, eine geringere Frequenz und können die erstarrte Gesteinsschmelze nicht durchdringen. Sie gelangen daher nur an Erdrissen und Spalten sowie an lockeren Sedimentgesteinen an die Erdoberfläche. Bisweilen können aber auch die positiven oder negativen Strahlen als Trägerwellen die radioaktiven vergesellschaftet mitführen. In umgekehrte Richtung fallen von den Gestirnen wie ein unsichtbarer permanenter Regen positive Gestirnstrahlen auf uns herab, allerdings ohne vorausgegangene Bündelung. Durch unseren Kontakt zur negativ geladenen Erde durchdringen sie unseren Körper, d. h. die Strahlen gehen rückstandslos in die Erde wie ein Wassertropfen, der sich bildet und sodann zur Erde abfällt. Lediglich an jenen Körperstellen, an denen sich durch Erdstrahlen eine Blockade gebildet hat, ist diese Gestirnstrahlendurchflutung gestört, sodaß die nach Jahren auftretende Krankheit hierdurch schon vorprogrammiert ist.

Zurück zu den Atomreaktionen im Erdzentrum. Diese müssen langfristigen Schwankungen unterworfen sein, was durch folgendes bewiesen wird.

Klimaschwankungen und Dinosaurier

In der Zeit vor ca. 210 Mio. bis 65 Mio. Jahren besiedelten bis zu 10 Tonnen schwere Dinosaurier, riesige Reptilien, unsere Erde. Sie waren unbehaart und pflanzten sich durch Eier fort, die beim damaligen Klima von der Natur ausgebrütet wurden. Hieraus schließen wir, daß zu jener Zeit unabhängig von der Jahreszeit durchweg ein feuchtwarmes Treibhausklima geherrscht haben mußte. Meine Untersuchungen an Knochenfunden im „National Museum of Natural History Smithsonian Institution in Washington, USA“ ergaben in allen Fällen eine negative, d.h. Erdstrahlenladung von 7–8 m. Über die Ursache ihres Aussterbens besteht Unklarheit, auch darüber, ob dies plötzlich oder allmählich geschehen ist.

Nun, die überwiegenden Gattungen der Dinosaurier waren Pflanzenfresser, was sich aus dem Gebiß rückschließen läßt. Pflanzenfresser wie unsere Elefanten, Gnus, Rehe usw. leben in Herden, um sich vor ihren Feinden besser schützen zu können. Bei einer Ausrottung durch ein plötzliches Ereignis (Meteor o. dgl.) müßten die Gebeine der Herde direkt beisammen liegen, was nicht der Fall ist. Aufgrund ihrer starken negativen Strahlen von 7–8 m könnte man weitere Gebeine der Dinosaurier in den betreffenden Gebieten mühelos mit meiner Fernrute aufsuchen. Es ist sogar technisch möglich, von einem einzigen Standpunkt aus riesige Flächen mit dem Fernglas abzusuchen, wobei eine zweite Person ständig über der Stirn der Suchenden mit meiner Fernrute prüft. Sobald die Augen über das Fernglas Erdstrahlen einholen, kreuzen sich die Rutenschenkel.

Die Reptilien unserer Zeit, die von jenen Dinosauriern abstammen, haben allesamt die gleiche Negativstrahlung von 7–8 m. Warum haben damals die kleineren Gattungen überlebt, während die Großtiere ausgestorben sind, so muß man sich fragen.

Nun, je kleiner das Tier, je kleiner seine Eier, und kleinere Eier benötigen eine kürzere Brutzeit als größere. Daraus folgern wir, daß die Erdtemperatur aufgrund einer geringeren Atomreaktion zurückging, sodaß der lange Brutvorgang der größeren Gattungen durch jahreszeitlich bedingte Kälteperioden unterbrochen wurde, und die Brut vor dem Ausschlüpfen abgestorben ist. Dies erklärt auch, daß einzelne Reptilien zurück ins Wasser gingen, aus dem sie in dem Devonzeitalter, d. h. vor ca.

300 Millionen Jahren kamen, denn Wasser ist bekanntlich temperaturausgleichender als Erde.

Gleichzeitig mit dem Klimawechsel muß auch der üppige Treibhauswuchs der Pflanzen und Bäume zurückgegangen sein. Ich nehme an, daß unsere heutigen Pflanzen, die die gleiche negative Strahlung von ca. 7–8 m haben, noch aus jener Zeit stammen. Es dürften unsere ältesten Pflanzen überhaupt sein. Es sind dies Farne, Philodendron, Efeu, Aralie u. a. (eine komplette Auflistung finden Sie in meinem Buch „Die perfekte Hausentstörung", Ennsthaler Verlag).

In Florida findet man noch heute baumhohe Philodendren mit dicken Luftwurzeln, die wie Schlangen aussehen. Auch haben die Regenwälder mit ihren Schlingpflanzen eine stark negative Strahlung, wie ich feststellen konnte. Auch die Inselberge in Afrika, die aus Granitgestein bestehen, stammen aus dieser Zeit und haben die gleichstarke negative Strahlung. Gehen wir über das Zeitalter der Dinosaurier weiter zurück, so müssen auch schon vorher bedeutende Schwankungen in der Atomreaktion mit entsprechendem Klimawechsel stattgefunden haben, denn versteinerte Baumscheiben aus dem Devonzeitalter vor ca. 395–345 Mill. Jahren sind neutral, aus der Zeit vor 200 Mill. Jahren mit 1,80 m schwach positiv, und aus dem Jurazeitalter vor ca. 270 Mill. Jahren stellte ich an den Knochenresten von Erypos adult. und Pelosaurus laticeps eine positive Strahlung von ca. 7 m fest. An Knochenresten der Amphibien, aus der Zeit vor ca. 210 Mill. Jahren ist wiederum keinerlei Strahlung festzustellen, d. h. sie sind neutral, daran schließt sich dann die oben erwähnte Zeit der Saurier mit überaus starker Negativstrahlung an.

Die Pallocene Epoche, die sich an die Saurierperiode anschloß, vor ca. 55 Mill. Jahren war strahlenneutral, während der Vorgänger der Wale in der Eocenen Epoche vor ca. 40 Mill. Jahren bereits eine Positivstrahlung von ca. 7 m aufwies. Die folgende Oligocene Epoche vor ca. 37–23 Mill. Jahren war neutral, während die Miocene Epoche gegen Ende schon wieder eine Negativstrahlung von ca. 7 m hatte. Danach zu urteilen müssen die Klimaintervalle weniger heftig, aber kürzer gewesen sein.

Wir wissen von **Eiszeiten**, von denen die letzte ca. 10.000 Jahre zurückliegt. Auch den Klimawechsel, der die Eiszeit bewirkte, führe ich auf die Schwankungen der Erdatomreaktion zurück und nicht auf geringere Sonneneinwirkung, verursacht durch Vulkanismus bzw. Deklinationsveränderung (Sonneneinfallswinkel), wie man annimmt. Meiner Ansicht nach wurden die Gletscher der Eiszeit nicht von der Sonne von oben abgetaut, sondern von unten durch die einsetzende stärkere Erwärmung der Erde. Ein Gletscher, der von der Sonne von oben nach unten abgetaut wird, hat festen Erdverbund und verschiebt sich nicht. Bekanntlich sind aber die tonnenschweren Gletscher gewandert und haben an den Gebirgen Schleifspuren hinterlassen. Die Tatsache, daß die Gletscherablagerungen regelrecht verstreut wurden, läßt ebenfalls darauf schließen, daß der Abtauvorgang in der Bewegung und von unten nach oben erfolgt ist, und zwar muß er an den Ozeanen bzw. Meeren, d.h. an den Flußmündungen begonnen haben.

Vollmond und Nachtwandeln

Bekanntlich sind bei Vollmond die Gezeiten Ebbe und Flut stärker als beim Teilmond, was schon Julius Cäsar bei seiner ersten Landung in England zum Verhängnis wurde. Auch hat der Vollmond auf bestimmte Menschen, die man als Mond- bzw. Nachtwandler bezeichnet, einen Effekt.

Man führt dies auf die veränderte Massenanziehung zurück, jedoch die Mondmasse ist konstant, lediglich die von der Sonne beleuchtete Fläche verändert sich.

Ich habe den Mond zu den verschiedensten Zeiten an seinem Spiegelbild auf seine Strahlung untersucht und festgestellt, daß er als Teilmond keinerlei Strahlung signalisiert, während er als Vollmond pulsierende Strahlung aufweist. Bei uns auf der Erde bedeutet eine pulsierende Strahlung eine positive Strahlung, da diese sich permanent an der negativen Erde abbaut. So nahm ich zuerst an, daß auch diese pulsierende Mondstrahlung positiver Art sei. Erst nach dem Aufladen eines Metallkörpers im Spiegelbild des Vollmondes erkannte ich, daß es sich um eine negative Strahlung handelt, die allerdings durch andere Gestirne hinter dem Vollmond ständig in einem bestimmten Rhythmus von diesem abgezogen wird.

Im Rahmen meiner Experimente stellte ich fest, daß zwischen aufladbaren Körpern, die in einer Reihe angeordnet sind, Strahlenladungen hin- und herwandern. Wenn wir auf der Erde einen Vollmond sehen, bedeutet dies, daß die Sonne genau den gleichen Blickwinkel zum Mond hat, wie wir, d. h. daß Sonne, Erde und Mond in einer Reihe angeordnet sind. So werden also die Meere, d. h. die großen beweglichen Massen unserer Erde durch die Anziehung der beiden entgegengerichteten Massen der Sonne (in größerer Entfernung) und dem Mond (in geringerer Entfernung) regelrecht hin- und hergezogen. Bei dieser Konstellation werden die Erdstrahlenfelder vom Mond abgeerntet, sodaß sie unmittelbar danach, d. h. bei abnehmenden Mond kaum einen Effekt haben.

Diese Strahlenbewegung löst bei sensiblen Menschen die eingeübte Motorik des Gehens aus, sodaß sie nachtwandeln. In meinem Buch „Erdstrahlen und Gestirnstrahlen“ berichte ich über die nicht zu unterschätzende Wirkung von Erdstrahlen und Gestirnstrahlen auf Nerven, Impulse, die Funktion der Organe etc., sodaß sogar ein Blackout, Irrsinn, Wahnsinn und Lähmungen durch sie bewirkt werden können. Hitler und Nero sind Opfer des gleichen Grußes geworden, denn durch die erhobene, deutende Hand wurden auf sie Erdstrahlen übertragen, die sich über den Kopf nach oben abbauten. Wahnsinn war die Folge. Später komme ich nochmals darauf zurück.

Der Aufwind beim Segelflug

Bekanntlich steuern Segelflieger bei blauem Himmel von Wolke zu Wolke, um an Höhe zu gewinnen. Hierbei geht man davon aus, daß die Wolke durch Abkühlung der aufgestiegenen Warmluft entstanden ist, d. h. daß unter der Wolke demzufolge ein aufsteigender Wind vorliegt. Dies wäre richtig, wenn die Wolke an ihrem Entstehungsort verblieben wäre, doch Wolken wandern. Ich konnte feststellen, daß nach einer längeren Schönwetterperiode die ankommenden Wolken, die darunterliegenden negativen Erdstrahlenfelder regelrecht abernten. Die aufstrebenden Erdstrahlen bewirken demzufolge den begehrten Aufwind, den sie mit sich nach oben führen.

Gewitter und Blitze

Auch hier konnte ich durch meine Großflächenentstörungen neue Erkenntnisse gewinnen. Bei einem Gewitter haben wir zwei unterschiedliche Wolkenschichten vorliegen. Eine obere, die von der Sonne beleuchtet ist und hell erscheint. Sie ist mit positiven Gestirnstrahlen aufgeladen. Die untere Wolkenschicht ist im Schatten der oberen und ist demnach dunkel. Diese ist mit negativen Erdstrahlen aufgeladen. Hunde verspüren diese negative Aufladung schon lange vor dem Gewitter. Sie klemmen den Schwanz ein, um eine Strahlenaufnahme von oben zu verhindern. Entgegengesetzt ist die Reaktion, wenn man einen Hund reizt. In diesem Falle richtet er die Nackenhaare und den Schwanz nach oben, um sich Kraft durch die Gestirnstrahlen einzuholen.

Zigeuner haben einen Trick, die gefährlichsten Hunde zu besänftigen, indem sie den Hunden bei einer bestimmten Handausrichtung mit den Fingern, die wie Antennen wirken, die Gestirnstrahlen entziehen; doch zurück zum Gewitter. Durch das Aufbäumen der oberen Wolke wird durch die Antennenwirkung die Aufnahme der Gestirnstrahlen verstärkt, sodaß die Ladung ständig brisanter wird. Bei einem schließlichen Ladungsausgleich zwischen diesen beiden gegensätzlich aufgeladenen Wolkenschichten entsteht ein riesiger Funke, den wir als Blitz bezeichnen. Wegen der Nähe der Erde erfolgt dieser Ausgleich in der Regel von oben nach unten und geht bei entsprechender Anziehung gelegentlich über die untere Wolke hinaus. Liegen mehrere Anziehungspunkte auf der Erde, die durch Wasseraderkreuzungen bzw. starke Turbulenzen bewirkt werden, so sind je nach Anziehung Richtungsänderungen bzw. Teilungen der Fadenblitze möglich. Enthält die Erde keinerlei negative Ladungsfelder auch z.B. nach einer Großflächenentstörung, so erfolgt die Entladung zwischen den Wolken mit ungewohntem bunten Licht in allen Spektralfarben, ähnlich einem Feuerwerk. Die nur gelegentlich, d.h. vereinzelt auftretenden Fadenblitze verlaufen parallel zur Erdoberfläche.

Es ist bei einer derartigen Strahlenfreiheit der Erde zu befürchten, daß Blitze in elektrifizierte Bahnanlagen einschlagen und diese für die Dauer des Gewitters lahmlegen, denn dieselben sind in diesem Falle die einzigen negativen Ladungsträger.

Polarlicht

Seit tausenden von Jahren rätselt die Menschheit über dieses unheimliche Licht in allen Farben des Regenbogens. Chinesen, Eskimos, Lappen etc. vermuteten in diesem Lichtphänomen Lichter ihrer Götter und Geister und erfanden Sagen, Märchen und Mythen. Bei der Fotodiagnose mit der Rute stellt man fest, daß auch hier, wie oben beschrieben, ein Ausgleich der beiden gegensätzlichen Ladungen, d. h. zwischen der mit positiven Ionen (Gestirnstrahlen) aufgeladenen feuchten Luft und den negativen Erdstrahlen stattfindet. In den Polen unserer Erde konzentrieren sich die negativen Strahlen auf die im Verhältnis zur Meeresfläche geringe Landfläche, denn die Meere nehmen von der Atomreaktion zwar die positiven, aber nicht die negativen Strahlen auf. Zum Beweis meiner Erkenntnis könnte man durch eine Großflächenentstrahlung das Polarlicht auf längere Zeit zum Verlöschen bringen.

Föhn und Smog

Der **Föhn**, ein warmer Fallwind in den Alpen, hat bekanntlich einen starken Reizeffekt auf die meisten Menschen, sodaß starke Schlafstörungen auftreten können. Für viele mit einem labilen Kreislauf kann er sogar lebensgefährlich werden. Als aufsteigender Wind hat er an der gegenüberliegenden Bergseite zwar Wärme, aber auch Erdstrahlen aufgenommen, die er mit sich führt. Diese Strahlen, die durch Ionisation im Luftstrom mitgeführt werden, bringen das vegetative Nervensystem, das für die Organfunktionen zuständig ist, in Unordnung. Der Sympathikus erhält hierdurch zu starke Anregungen, die die Gehirnimpulse anpeitschen. Durch Montage trichterförmiger Reflektoren aus Chromnickelstahl auf den Dächern lassen sich die mitgeführten Strahlen aus dem Wind herausreflektieren.

Beim **Smog** hat sich eine tiefhängende, dichte Wolkendecke gebildet, die sich bedingt durch ihre Erdnähe, stark mit Erdstrahlen aufgeladen hat. Durch kleinste Verunreinigungen, wie Kohlenwasserstoff etc., die ebenfalls als Ladungsträger wirken, wird die Kapazität der Wolkendecke stark vergrößert. So wirkt diese Wolkendecke wie ein Abschirmschild gegen die lebens- und gesundheitsnotwendigen Gestirnstrahlen. Ältere Menschen sowie solche mit schwachen Organfunktionen bzw. mangelnder Gestirnstrahlenreserven sind unter Umständen sogar lebensgefährdet. Hier erhält der Sympathikus entgegengesetzt zum Föhn, zu wenig Anregung, sodaß die notwendigen Gehirnimpulse fehlen.

Erdbeben

Nach einer Rundfunkreportage über Erdstrahlen im süddeutschen Raum erhielt ich unter anderem einen Telefonanruf von einer Frau aus Waldshut, die fragte, ob Erdbeben etwas mit Strahlen zu tun haben, da sie schon 24 Stunden zuvor jedes Erdbeben auf der Erde fühlen würde und starke Schlafstörungen habe. Bei meinem Besuch am folgenden Tag stellte ich fest, daß sie eine ungewöhnlich starke Astralstrahlung, die man auch „Aura" nennt, von 18 m hat. Ich berichte hierzu ausführlich in meinem Buch „Erdstrahlen und Gestirnstrahlen". Höchstwahrscheinlich verspüren auch Tiere diese Strahlenkonzentration, denn sie werden unruhig und flüchten.

Daraufhin untersuchte ich am Fernseher und in den Tageszeitungen alle Bilder von Erdbebengebieten und stellte überall die gleiche starke Erdstrahlenkonzentration fest, die auch zwischen den einzelnen Nachbeben bestehen bleibt und erst verschwindet, wenn alles vorbei ist und keine Gefahr mehr besteht. Demnach ist es möglich, ähnlich dem Satelliten-Wetterdienst einen Erdbebendienst einzurichten, sodaß rechtzeitig geeignete Maßnahmen getroffen werden können. Hierdurch könnte man Menschen und Sachwerte vor plötzlich eintretendem Schaden durch Erdbeben bewahren. Auch könnte man bedenkenlos entwarnen, wenn alles vorüber ist. Über diese Möglichkeit habe ich anläßlich des Erdbebens 1992 an der deutsch-holländischen Grenze die Erdbebenstation Bensberg in Bergisch-Gladbach erst in einem Telefonat, sowie auf Wunsch danach nochmals schriftlich hingewiesen.

Übrigens, am Setellitenfoto von unserer Erde lassen sich mehrere Stellen mit starker positiver Strahlung ermitteln, welche vermutlich auf Goldlager schließen lassen. So dehnt sich das bekannte Gebiet von Südafrika am Kap der Guten Hoffnung im Atlantik nach Westen und Süden bis in das Agulhasbecken aus. Ein weiteres Gebiet liegt in ca. 200 m Tiefe im Golf von Alaska. Ferner im Pazifik westlich von Kalifornien zwischen Los Angeles und San Diego, Tijuana in ca. 2000 m Tiefe. Auf der großen Bahama Insel südlich von San Felipe. Darüber hinaus in den Kordilleren Südamerikas südlich von Medellin bis Pereira und in den Anden bei Santiago bis Rancagna. Ein weiteres ausgedehntes Feld, allerdings mit geringerer Ergiebigkeit erstreckte sich vom südlichen Iran über den Golf von Omen, über Katar, die Vereinigte Arabische Republik, den südlichen Zipfel von Saudi Arabien bzw. die Sandwüste Dahna, über Jemen, ferner über den Golf von Aden und Teile von Somalia, d.h. die Somali Halbinsel.

Hurrikane und Taifune

Auch Hurrikane kündigen sich durch vorausgehende starke negative Strahlenkonzentrationen an. Ausgelöst werden sie durch eine unbedeutende Wolke, welche nach einer längeren Heißwetterperiode durch Abkühlung aufgestiegener Luft entsteht. Während der wolkenlosen Zeit haben sich die Erdstrahlenfelder über Gebühr stark aufgeladen, sodaß durch die unbedeutende wandernde Wolke die jeweils darunter liegenden Strahlenfelder abgeerntet werden. Diese bringen in gleichem Maße weitere Luft nach oben, die von den spiralförmig nach oben strebenden Erdstrahlen in Rotation versetzt wird, sodaß die Wolke und der rotierende Wind ins Ungeheure anwachsen. Nach dem Durchzug des Hurrikans ist die Erdstrahlenkonzentration verschwunden. Durch rechtzeitige Entstörung der gefährdeten Gebiete läßt sich ein Hurrikan vermeiden bzw. kann man einen Hurrikan abdrängen, wie ich es nach dem Hurrikan Hugo im Juli 1991 an der Südostküste der USA vorgenommen habe. Ein danach eingetroffener Hurrikan verlief wie geplant im Atlantischen Ozean, wo er dann aber wegen des geringen Widerstandes auf dem Meer mit ungebrochener Kraft auf der Höhe von New York von einem Schiff 10 Todesopfer forderte.

Das Bermuda-Dreieck

Wenn man die Ursache zu mehreren unerklärlichen Naturerscheinungen gefunden hat, liegt es nahe, daß man auch weitere Naturerscheinungen ähnlicher Art auf die gleiche Ursache hin untersucht. Dem Bermuda-Dreieck gingen allerdings meine Erkenntnisse über das Geheimnis der Loreley am Rhein voraus, worüber ich anschließend berichten werde.

Bei der Untersuchung von Fotos in einem Reiseprospekt von den Bermudas stellte ich außerordentlich starke Erdstrahlenturbulenzen fest, deren Überprüfung eine Negativstrahlung von ca. 30 m ergab.

Bei einem Vortrag für den Verband der Heilpraktiker-Union im Saargebiet versagten in einem Falle alle meine Gestirnstrahlentherapien – wie ich sodann feststellen konnte – da die betreffende Heilpraktikerin einen großen Malachitstein an einer Kette um den Hals trug. In meiner Ratlosigkeit legte ich ihr die Fotokopie aus einem Reiseprospekt der Bermudas umgekehrt auf den Kopf, und sie hatte in ca. 6 Sekunden eine positive Astralstrahlung von ca. 15 m. Später erfuhr ich in einem Telefonat mit dem 1. Vorsitzenden des Verbandes, daß die betreffende Heilpraktikerin bis zu diesem Tage Jahrzehnte hindurch an Asthma gelitten hat, was seit dem Ablegen des Schmuckes wie weggefegt war.

Zu einer Vortragsreise 1991 durch die USA hatte ich die schwarz-weiß-Fotokopie aus einem deutschen Prospekt von den Bermudas nicht mitgenommen, da ich mir in einem dortigen Reisebüro eine Originalaufnahme beschaffen wollte. Ich erhielt dort einen Prospekt, allerdings lediglich mit den Abbildungen mehrerer Hotels. An einem Foto konnte ich im Abstand von ca. 2 m bis 2,40 m das kritische Turbulenzfeld ermitteln. Bei meinem Vortrag in St. Petersburg, Florida, legte ich das Foto umgekehrt auf ein Klavier, das erhöht auf einem Podest stand. Danach suchte ich mit der Rute das ca. 2 m entfernte Turbulenzfeld und ließ einige Zuhörer mit Gehbehinderung für wenige Sekunden an diese Stelle treten. Sie ließen ihre Stöcke fallen und gingen beschwerdefrei zu ihren Plätzen zurück.

Die Erdstrahlenturbulenzen am Bermuda-Dreieck sind so stark, daß sogar das Erdmagnetfeld gestört wird und der Kompaß verrückt spielt. Hinzu kommt, daß in diesem Gebiet plötzlich dichter Nebel auftritt, der natürlich von den vorliegenden Turbulenzen stark negativ aufgeladen wird. Derartige starke Strahlenkonzentrationen können eine plötzliche Besinnlungslosigkeit, aber auch Wahnsinn bewirken, denn die Strahlen wandern durch den Kopf nach oben ab. Ich nehme an, daß der Meeresboden großflächig im kritischen Winkelbereich verläuft. Dieselbe Ursache jedoch mit verhältnismäßig geringeren Effekt kann man an Schwimmbädern mit schräg einlaufendem Boden feststellen, wenn dieser ein Gefälle im kritischen Winkelbereich hat.

Bei einer Hausentstörung darf die Öffnung der Entstörgeräte nicht **genau** nach Osten bzw. Westen ausgerichtet sein, da ausschließlich bei dieser präzisen Ausrichtung sogar gesundheitsgefährliche Turbulenzen bewirkt werden, die alle Metalle im Umfeld, aber auch die körperlichen

Erdstrahlenherde voll aufladen. Aus diesem Grunde überprüfe ich in jedem Falle, so auch bei Fernentstörungen über Telefon die Himmelsrichtungen mit dem von mir entwickelten Flaschenkompaß, was sogar bis in ferne Erdteile via Satellit möglich ist. Die Technik hierzug ist in meinem Buch „Die perfekte Hausentstörung“ ausführlich beschrieben und von jedem nachvollziehbar. Anläßlich einer derartigen Überprüfung bei einer Fernentstörung in Much im Rheinland stellte ich fest, daß die so ermittelten Himmelsrichtungen mit den natürlichen nicht übereinstimmten, sondern um 90 Grad abwichen. Derartige Abweichungen können durch starke Störungen des Erdmagnetfeldes bewirkt werden, was in der Regel auf den kritischen Winkelbereich zurückzuführen ist. Beim Suchen des Störfaktors über Telefon, was ebenfalls unter dem Thema „Fernentstörungen“ in dem oben aufgeführten Buch beschrieben ist, stellte sich heraus, daß ein großflächiges Garagentor, das schräg auf einer Böschung lag, die Störung verursachte. Nach Aufrichten des Tores war alles in Ordnung.

Die Loreley am Rhein

Hier haben wir die gleiche Ursache, meinen kritischen Winkeleffekt, allerdings nicht im unteren Wasserspiegel, sondern im Gestein.

Am Loreleyfelsen, der im Rheingraben liegt, verlaufen die Schieferschichten im Bereich des kritischen Winkels, d. h. im Winkel von 15 bis 30 Grad zur Waagrechten, sodaß über die gesamte Felsenfläche verteilt, an den Ausbrüchen bis nach oben hin der kritische Winkel vorliegt. Die einzelnen Turbulenzen addieren sich und ergeben eine Gesamtturbulenz von ca. 20 m. Dies reicht, wie oben beschrieben, oder auch beim Vorliegen von körperlichen Aufladungsherden im Kopf oder Nervenbereich aus, eine plötzliche Bewußtlosigkeit auszulösen. So stürzte vor einigen Jahren ein japanischer Tourist, der vom Felsen herab ein Foto machen wollte, bewußtlos ab. Oben auf dem Felsplateau ist die Strahlung so stark, daß sich Bäume gegenseitig mit ihren Stämmen umwinden.

Im Mittelalter hat die Loreley unter den Rheinschiffern immer wieder Opfer gefordert, sodaß eine Sage aufkam, nach der die Männer durch den Gesang der Nymphe Loreley, die sich auf dem Felsen sitzend ihr blondes Haar kämmt, ihrer Sinne beraubt werden. Auch das Foto vom

Loreleyfelsen, nur wenige Sekunden allerdings **umgkehrt** auf dem Kopf bzw. Schmerzstellen aufgelegt, hat eine ungeahnte starke positive Wirkung, wie sie oben beschrieben wurde.

Rätselhafte Zerstörungen an Bauwerken

Vielerorts erkennt man an Einfriedungsmauern aus einwandfreien, gebrannten Klinkern, aber auch an Plattenbelägen Stellen, die stärkere Verwitterungserscheinungen aufweisen als vergleichsweise im Umfeld. Bei Überprüfung stellt man fest, daß an diesen Stellen Erdstrahlenfelder sind. Es ist sogar möglich, daß an Bauwerken in diesen Bereichen Risse entstehen. In den Räumen stellt man häufig Schimmelbildungen an Wänden und Decken oder Verwerfungen bzw. Verfärbungen an Bodenbelägen fest. Erfahren die an diesen Stellen gebündelt austretenden Erdstrahlen durch **Turbulenzen** eine zusätzliche weitere Konzentration, so können ganze Bauwerke zerstört werden. Als Beispiel hierfür verweise ich auf den Einsturz der „Berliner Kongreßhalle", die man im Volksmund „Schwangere Auster" nennt. Es ist ein sattelförmiges Gebäude, an dem zu beiden Seiten große Flächen im kritischen Winkelbereich verlaufen. Am Foto konnte ich Turbulenzen von ca. 13 m Stärke messen. Die technische Universität Stuttgart wurde damals mit der Klärung der Ursache beauftragt. Da aber zu jener Zeit meine Erkenntnisse über den kritischen Winkelbereich noch unbekannt waren, wurden sie nicht in die Untersuchung einbezogen. Demnach konnte als Ursache lediglich ein Materialfehler oder unsachgemäße Verarbeitung in Frage kommen. Die Kongreßhalle wurde danach wieder bautengleich durch eine neue ersetzt, doch auch sie wird wieder einstürzen. Die gleiche Ursache liegt beim Einsturz mehrerer Rheinbrücken vor. Wie ich hörte, hat die Betonindustrie im Saargebiet meinen kritischen Winkeleffekt in das Programm der Winterseminare aufgenommen, sodaß zu erwarten ist, daß man diesem Effekt zukünftig mehr Beachtung zukommen läßt.

Lassen Sie mich an dieser Stelle noch eine weitere Ursachenerklärung erwähnen. Bekanntlich verursacht hartes Wasser an unseren Wasserleitungen durch Korrosion und Kalkablagerungen kostenspielige Schäden. Untersucht man solch eine schadhafte Wasserleitung, so stellt man eine starke negative Aufladung fest. Nun gibt es im Handel Geräte, die dies verhüten sollen, bei denen man unter zwei verschiedenen Bauarten unterscheidet. Die eine wirkt über Magneten, während die andere über Elektromagneten wirkt. Untersucht man beide Typen, so stellt man je nach Bautyp eine unterschiedliche Wirkung auf die Aufnahme von Gestirnstrahlen fest. Somit liegt auch dem unbekannten Wirkmechanismus dieser Geräte die Umkehrung der Strahlensituation zugrunde. In der Regel ist normales Leitungswasser linksdrehend. Nach dem Einbau eines Entkalkungsgerätes mit Magnetwirkung stellte ich an meinem Wasser eine Rechtsdrehung fest, wie es Gesundheitswasser hat.

Unfälle auf bestimmten Autobahnstrecken

An bestimmten Strecken unserer Autobahnen kommt es immer wieder zu unerklärlichen Unfällen, so z. B. an der A 7 bei Hannover. Zwar hat man festgestellt, daß dort starke Erdstrahlenfelder vorliegen, doch dürfte diese Tatsache alleine nicht ausreichen, denn auch andernorts führt der Verkehr über Strahlenfelder. So führt der Highway 95 bei Richmond in Virginia, USA, meilenweit über äußerst starke Strahlenfelder, ohne daß Unfälle passieren. Meine Fotoanalyse der Luftbilder von einem Teilabschnitt der A 7 erbrachte folgendes Ergebnis.

Hier wechseln unregelmäßig Felder mit positivem und negativem Wasser, sodaß das positive Wasser die Negativstrahlung des benachbarten Feldes schräg nach oben, in Richtung Fahrstrecke abdrängt. In vielen Experimenten habe ich festgestellt, daß sowohl Erdstrahlen als auch Gestirnstrahlen genau wie unsere Gehirnimpulse in unserem Körper Reflexe auslösen können, sodaß unsere Organe, d. h. das vegetative Nervensystem, aber auch die willkürliche Motorik darauf reagieren, wenn die Strahlen aus der gleichen Richtung kommen wie die Gehirnimpulse. So kann es passieren, daß auf einer geraden Strecke plötzlich durch schräg austretende Erdstrahlen von links nach rechts von der Körpermitte (Nervenzentrum) ausgehend, d. h. von der motorischen Vorderhornzelle des Rückenmarks direkt und ohne den Umweg über das Gehirn auf das efferente Neuron im Armmuskel in dem rechten Arm ein Reiz ausgelöst wird, der unbewußt einen Bewegungsreflex zu einem seitlichen Lenkanschlag bewirkt. Bei großer Geschwindigkeit können die Folgen verhängnisvoll sein.

Meiner Ansicht nach droht nur in jenen Fällen eine Gefährdung, in denen der Fahrer einhändig steuert, d. h. sein lenkender Arm bzw. die betreffende Hand eine Aufladungszone hat, und der Erdstrahl von der entgegengesetzten Körperseite ausgeht. Ein Gebotsschild zum beidhändigem Fahren wäre hier angebracht. Eine andere Möglichkeit, diese gefährliche Strecke zu entschärfen, bietet sich durch Eingraben von schräg nach oben gerichteten Hohlreflektoren, wobei der jeweilige Abstand von dem entsprechenden Wirkungsbereich der Geräte abhängt. Hierbei muß beachtet werden, daß eine ausreichende Überdeckung der Wirkungsbereiche gewährleistet ist, damit Lücken vermieden werden.

Der Fluch des Pharao

Ziemlich am Anfang meiner Forschung, als ich die Gefährlichkeit gebündelter Erdstrahlen und starker Erdstrahlenladungen erkannte, kam mir die Idee, die Erdstrahlen als Diebstahlsicherung während meiner Urlaubsabwesenheit zu benutzen. So stieß ich unwillkürlich durch Assoziation auf die Pyramiden und deren Absicherung gegen Plünderer. Die alten Ägypter vor vielen tausend Jahren waren nicht nur ein naturverbundenes Volk und somit sicher in der Lage, Erdstrahlen auch ohne Hilfsmittel aufzuspüren, was ich auch von den Nomaden unserer Zeit behaupte, sondern darüber hinaus auch auf den naturwissenschaftlichen Gebieten, was Mathematik, Physik, Medizin etc. betrifft, unglaublich weit vor. Viele unserer naturwissenschaftlichen Gesetze, die wir den Griechen zuschreiben, stammen von den Ägyptern, denn die Griechen übernahmen die Kultur der Ägypter, die schließlich über die Römer zu uns gelangte.

Die Katze genoß bei den Ägyptern göttliche Verehrung, woraus ich schließe, daß den Ägyptern schon damals nicht nur die Erdstrahlen und deren Wirkung, sondern auch die Tatsache bekannt war, daß Katzen gegen die Erdstrahlen, die anderen Tieren schaden, immun sind und diese sogar aufsuchen. Die älteste Abbildung einer Wünschelrute stammt übrigens von den Ägyptern aus der Zeit vor mehreren tausend Jahrten. So bestand die Sicherung der Pyramiden nicht nur in Scheingängen und baulichen Fallen, sondern auch in lebensgefährlichen Konzentrationen von kosmischen Strahlen, bedingt durch die Form und die Ausrichtung der Pyramiden. Die Kühnheit der Grabräuber schreckte dies jedoch nicht ab, zumal nach jedem todbringenden Plündungsversuch eine weitere Falle wirkungslos wurde. Daher mußte man völlig neue Wege und Schutzmaßnahmen ersinnen. Thutmosis und später auch Tut-ench-Amun gingen von dem gesicherten, aber weithin auffälligen Pyramiden-Grabmal ab, um sich in dem damals sicher gut bewachten Tal der Könige beisetzen zu lassen.

Die Sicherheit der baulichen Fallen glaubte man durch die Unbekanntheit des Grabplatzes ersetzen zu können. Was liegt näher, als daß man die Sicherheit, die vorher durch kosmische Strahlen gewährleistet wurde, nun durch Erdstrahlen zu ersetzen versuchte, die eines weithin auffälligen Pyramidenbauwerkes nicht bedurften.

Als man 1925 die Grabstätte des Tut-ench-Amun fand, wurden aus der ganzen Welt über 20 Spitzenwissenschaftler zusammengezogen, die bei den Ausgrabungen mitwirkten. Alle verstarben binnen kürzester Zeit, einige verübten sogar Selbstmord. Die Weltpresse berichtete damals 1926 vom „Fluch des Pharao", da man trotz der daraufhin anberaumten sorgfältigsten Untersuchungen keinerlei Anhaltspunkte für Gift oder dergleichen finden konnte.

Meine Fotoanalyse an dem Bild der versammelten Wissenschaftler vor dem Sarkophag des Tut-ench-Amuns weist bis auf eine Person, die ein stärkerer Gestirnstrahlenmensch war, bei allen Wissenschaftlern äußerst brisante Erdstrahlenladungen auf. Dies ist nicht verwunderlich, denn die zentnerschwere Metallmasse aus Gold wurde ca. dreieinhalbtausend Jahre mit Erdstrahlen aufgeladen. Hierzu gesellten sich die Nachladungen während der Untersuchungszeit am gleichen stark bestrahlten Standort. Nach der Beschreibung sollen eine holzpechartige, zähe, schwarze Masse zwischen dem zweiten und dem dritten Sarg des Tut-ench-Amuns, sowie die Gewebe und Knochen der Mumie wie bei einer Art von Selbstverbrennung regelrecht verkohlt bzw. verbacken gewesen sein, sodaß man Hammer und Meißel benötigte. Auch dies läßt auf die Einwirkung einer Energie schließen. Aber damals (1926) wie heute war die Existenz der Erdstrahlen den etablierten Wissenschaftlern noch unbekannt, und eine andere Energie war eben nicht denkbar So ist man dieser Erscheinung nicht weiter nachgegangen. Durch den Kontakt mit dem äußerst stark aufgeladenen Metallgegenständen z.B. Goldsärge, Totenmaske, Schatzbeigaben etc. übernahmen die betreffenden Wissenschaftler äußerst starke Ladungen, die bei Übersättigung die höchste Körperstelle, den Kopf passierten. Auf diese Weise wurden dem Körper irreversible Schäden zugefügt, da hierdurch die Zentrale für das vegetative Nervensystem zerstört wurde, das für die Funktion der Organe zuständig ist. Auch die Selbstmorde sind erklärlich, da starke Strahlenaufladungen starke Depressionen auslösen, die die Selbstvernichtung bis hin zum Selbstmord bewirken können, was ich bei meinen Experimenten am eigenen Leibe erlebt habe und worüber ich in „Erdstrahlen und Gestirnstrahlen“ berichte.

Mörder und Selbstmörder

Wie oben beschrieben, können starke Erdstrahlenaufladungen im Kopfbereich, aber auch die Übersättigungsstrahlen von sehr starken körperlichen Aufladungen, welche den Kopf auf dem Weg zu den Gestirnen passieren, gefährliche Aggressionen und Depressionen auslösen, die sogar zum Mord bzw. Selbstmord verleiten können. Nicht selten zeigen derartig belastete Personen zugleich Mordabsichten gegen sich selbst und gegen andere, d.h. Mord und Selbstmordabsicht liegen bei ihnen dicht beisammen, und es ist oft nur die sich bietende Gelegenheit oder ein unbedeutender Auslösefaktor, wozu man sich entscheidet.

Erlauben Sie bitte eine Zwischenerklärung.
Gestreckte Hände und gestreckte Finger sind sowohl Antennen als auch Sender. Aus diesen Gründen empfindet es jeder als unangenehm, wenn jemand mit dem Finger auf ihn deutet, weil hierbei durch Senderwirkung beim Deuten nach oben, d.h. auf höhere Teile evtl. vorhandene Erdstrahlen übertragen werden. Beim Deuten nach unten auf die Füße nimmt man durch Antennenwirkung evtl. vorhandene Gestirnstrahlen weg. Beides ist nicht gut. Das Deuten mit den Händen hat den gleichen Effekt. Beim Aufsuchen von Störfaktoren bei meiner Fernentstörung wirken die Hände und Finger als Antennen, wobei die aufgenommene Ladung des Störfaktors nach oben in die Sprechmuschel des Telefons gelangt, welche entweder über die deutende Hand oder über den Kopf gehalten wird. Hierüber mehr in „Die perfekte Hausentstörung“.

Lassen Sie mich aus der Geschichte zwei Beispiele aufführen, die ebenfalls darauf zurückzuführen sind, daß starke Übersättigungsladungen den Kopf nach oben durchwanderten.

Im alten Rom war – genau wie bei uns in Deutschland – zur Zeit des dritten Reiches der Gruß mit der gestreckten erhobenen Hand üblich. Die Volksführer Nero, als auch später Hitler, als die prägnantesten Fälle hierfür, standen erhöht, sodaß das versammelte Volk seine Erdstrahlenladung auf sie schoß. Die Menschen, die zufällig auf Erdstrahlenfeldern standen, leiteten die aufgenommenen Erdstrahlen sogar auf Dauer der Hymne auf diese Staatsmänner. Ist es verwunderlich, wenn diese auftreffenden äußerst starken Strahlen, die das Gehirn passieren, Wahnsinn auslösten. Zwar war Hitler, wie ich an alten Filmen feststellen konnte, ein Gestirnstrahlenmensch von 1,90 m, was aber hiergegen keinen Schutz bieten konnte.

Später hat Hitler derartige Auftritte gemieden. Ich nehme an, daß er bei dem derartig starken kurzfristigen Strahlenfluß einen Zusammenhang mit seinem Gesundheitszustand erkannte, den er aber sicherlich nicht deuten konnte, sonst wären vermutlich die Erdstrahlen schon damals von der Wissenschaft anerkannt worden.

Übrigens, Bananen haben ebenfalls wie Finger einen starken Antenneneffekt. So kann man beim Essen von Bananen, deren unteres Ende auf ein Erdstrahlenfeld ausgerichtet ist, starke Ladungen aufnehmen, die zu Verstopfungen führen können.

Nun zu Beispielen für permanente Erdstrahlenblockaden im Kopfbereich aus jetziger Zeit.

An der Attentäterin des saarländischen Ministerpräsidenten Lafontane konnte ich ausschließlich im Kopfbereich eine negative Erdstrahlenaufladung von ca. 4 m feststellen. Vor ihrem Attentatversuch hatte sie mehrmals Selbstmordversuche unternommen, wie die Medien berichteten. Auch am Zeitungsfoto des Züricher Juweliers und Amokschützen konnte ich ausschließlich im Kopfbereich eine Erdstrahlenaufladung von ca. 4 m messen. Der Attentäter von Innenminister Schäuble wies eine Kopfaufladung mit Erdstrahlen von 4,8 m auf. Am Zeitungsfoto des amerikanischen Sektenführers David Koresh alias Vernon Howell konnte ich eine Erdstrahlenaufladung im Kopfbereich von 4,8 m messen.

Ich bin überzeugt, daß viele Morde und Selbstmorde ungeschehen blieben, würde man bei solchen Personen, bei denen verstärkt Aggressionen und Depressionen auftreten, Erdstrahlenuntersuchungen vornehmen und somit die todbringende Ursache beseitigen (Hausentstörung und Gestirnstrahlentherapie).

Für die Psychologie sollte dies ein Auftrag sein, dessen Erfüllung geeignet ist, Menschenleben zu retten und darüber hinaus bei den Betroffenen die Lebensqualität entscheidend zu positivieren.

Chronische und unheilbare Krankheiten

Was oben für die Psyche ausgesagt wurde, gilt in uneingeschränktem Maße auch für den Körper, denn die Ursachen unzähliger, meist schwerer und äußerst schmerzhafter Krankheiten, die häufig sogar zum alsbaldigen Tod führen, sind der Medizin bisher noch unbekannt, und sie werden solange unbekannt bleiben, bis man sich mit den Strahlen und deren Auswirkungen auf die Gesundheit befaßt. In meinen bereits erwähnten Büchern berichte ich ausführlich darüber sowie über Maßnahmen, die in fast allen Fällen zu einer **sekundenschnellen Schmerzfreiheit** und zur **alsbaldigen Heilung** führen, was durch **unzählige Dank- und Erfolgsschreiben aus dem In- und Ausland belegt wird.**

Die meisten Medikamente haben erfahrungsgemäß auf chronische Krankheiten kaum eine Wirkung, sodaß man diese für unheilbar hält. Trotzdem werden Medikamente eingesetzt, die in der Regel zudem noch negative Nebenwirkungen haben, um eine Verschlimmerung bzw. Ausbreitung der Krankheit zu verhindern. Nach meinen Erkenntnissen bewirken Erdstrahlenblockaden und der dadurch bedingte Mangel an Gestirnstrahlendurchflutung folgenschwere Gefäßverkrampfungen, welche die Ursachen für Durchblutungsstörungen sind. Das Blut ist aber das Transportmittel, über das die Zellen mit Wärme, Sauerstoff, Nährstoffen, Vitaminen, Mineralien, etc., aber auch mit den verabreichten Medikamenten versorgt werden. Es ist logisch, daß bei mangelhafter Durchblutung ausgerechnet jene Körperstellen, die die Medikamente dringend benötigen, zu kurz kommen. Hinzu kommt, daß an den gleichen Stellen der Abtransport der Schlacken gestört ist, was zu Übersäuerungen führt. Verkrampfungen und Durchblutungsstörungen sind durch meine Gestirnstrahlentherapien, welche zugleich die Erdstrahlenblockaden abbauen, in wenigen Sekunden beseitigt.

Vereinzelt ist bei großflächigem Rheuma sowie Arthrosen nach ganzkörperlich wirkender Gestirnstrahlentherapie wie z. B. beim Stirnpunkt festzustellen, daß das Schmerzzentrum ganz allmählich von oben nach unten wandert und schließlich an den Füßen bzw. Fingern den Körper verläßt. Dieser Prozeß, der bis zu 15 Minuten dauern kann, läßt sich durch die örtlich angewandte Bruscaltherapie beschleunigen, indem man die Bürste, mit den Haaren nach oben gerichtet, immer wieder von oben nach unten über das abwandernde Schmerzzentrum hinwegführt, wie wenn man eine Tube leerdrücken wollte. Das Schmerzzentrum wird regelrecht langsam nach unten verschoben, wobei die Strahlenladungen an den Stellen, die gerade passiert werden, wegen der gleichnamigen Ladung sogar hemmend wirken, jedoch schließlich mitbefördert werden. Dieser Vorgang ist mit dem Schneeräumen bei Benutzung eines Schneeschiebers zu vergleichen. Hieraus folgere ich, daß auch die sich lösenden Schlackenstoffe, die im Blut abtransportiert werden, an den Körperstellen, die sie gerade passieren, Schmerzen verursachen.

Ich nehme an, daß diese Erkenntnis ebenso neu ist, da sich dieser Prozeß bei den üblichen Therapien und Kuren über Wochen und Monate hinzieht, was diese Beobachtung erschweren dürfte, die hier jedoch ähnlich wie bei einer Zeitraffung Ursache und Wirkung deutlich erkennen läßt. Hiernach kann man auch eine andere Wahrnehmung deuten. Wenn der ganze Körper außer einem Bein oder einem Arm im warmen Bett steckt, kann es passieren, daß am betreffenden Knie oder Ellenbogen Schmerzen auftreten. Wegen der durch Kälte gestörten Durchblutung sammeln sich schmerzverursachende Schadstoffe an. Auch konnte ich feststellen, daß die Therapien bei Rauchern eine geringere Wirkung haben. Dies ist sicherlich auf die gefäßverengende Wirkung des Nikotins zurückzuführen, die den Gestirnstrahleneffekt reduziert.

Generell konnte nach meinen Gestirnstrahlentherapien festgestellt werden, daß beim Absetzen der alsdann überflüssigen schmerzlindernden Substanzen, die gleichen regenerierungsfördernden Aufbaustoffe plötzlich eine starke, positive Wirkung zeigen, die vorher gänzlich fehlte. Die **Gestirnstrahlendurchflutung hat demnach für alle Therapien eine grundlegende Bedeutung.**

Lassen Sie mich an dieser Stelle noch auf einen weiteren Zusammenhang aufmerksam machen, der durch diese Erkenntnis ebenfalls verdeutlicht wird.

Eine unangepaßte Überernährung bewirkt bei Menschen, die ihre Gliedmaßen nur spärlich bewegen, d.h. die Kalorien nicht in Bewegungenergie umsetzen, eine Gewichtszunahme im Rumpf, sodaß dieser schließlich eine Faßform annimmt, wobei die Gürtellinie die größte Weite aufweist. Hier ist in den Organen, die übermäßig arbeiten müssen, d.h. im Rumpf die größte Durchblutung bzw. Energie- und Stoffwechselumsetzung, was zur Vergrößerung der Organe führt. Unverbrauchte Energie wird als Depotfett abgelagert. Die Gliedmaßen bleiben dünn oder wirken schwammig. Bei Menschen, die bei Überernährung ihre

Gliedmaßen kraftvoll bewegen, wobei die Muskelbewegungen die Blutzirkulation unterstützen, bauen sich wie beim Bodybuilding Muskeln auf, sodaß der Rumpf keine Kugelform, sondern eine Doppel-Helix-Form annimmt, wie z.B. ein Diabolo, d.h. die Gürtellinie hat den geringsten Umfang. Durch die kraftvolle Bewegung des Rumpfes und der Gliedmaßen wird die Energie- und Stoffwechselumsetzung in den Muskelzellen erhöht, sodaß sich schmerzhafte Schlackenablagerungen in diesen Zellen nicht bilden können. Bei obigem Vergleich des Faßrumpfes kam mir soeben durch Assoziation eine Erinnerung an eine Jugendfeststellung in den Sinn. Während des Krieges hielten meine Eltern zur Ernährungssicherung Ziegen, die fast das ganze Jahr über im Freien waren. Die weiblichen Jungtiere wurden wieder für die Zucht gehalten, während die männlichen geschlachtet wurden. Daher bekamen die Weibchen unverdünnte Vollmilch, während den Böckchen zur Hälfte eine Suppe beigemischt wurde, die aus dem sogenannten Fußmehl hergestellt wurde, das ich regelmäßig in zwei Mühlen abholte. Schon nach wenigen Wochen zeigte sich ein Unterschied. Die Weibchen hatten einen gesunden Körperbau mit glattem, glänzenden Fell und waren unentwegt in Bewegung. Die Männchen dagegen hatten dicke Bäuche, d.h. von oben gesehen eine annähernde Faßform, bewegten sich kaum und hatten abstehende Haare, wie wenn sie frieren würden. Hierin erkannte ich erstmals die Kraft der Milch und speziell der Ziegenmilch, denn Ziegen sind starke Gestirnstrahlentiere.

Lassen Sie mich nach dieser Unterbrechung noch eine dritte Rumpfform aufführen. Sie gleicht einem Kegelstumpf, wobei die größte Weite im unteren Bauchbereich, d.h. Hüftgelenk liegt. In den Südstaaten der USA ist diese Rumpfform sehr stark unter der schwarzen Bevölkerung vertreten. Diese essen täglich Collard Green-Gemüse bzw. Rutebager, das ca. 7 m starke Erdstrahlen hat. Hierdurch werden Stuhlverstopfungen und Darmübersäuerungen verursacht. Durch Beimischung von weißen Zwiebeln im gleichen Verhältnis läßt sich die negative Strahlung neutralisieren, besser ist es allerdings, auf diese Gemüsesorten zu verzichten.

Bei einem Alzheimerkranken, der über zwei Jahre leblos wie tot im Bett lag, stellte ich bei der Hausentstörung im Brustbereich eine starke Erdstrahlenblockade fest. Die Ehefrau erklärte mir daraufhin, daß sie zur Nachtzeit mehrmals den Schleim absaugen müsse, damit er nicht daran erstickt. Nach der Entstörung war dasselbe nie mehr erforderlich. Am Rücken waren handgroße Flächen aufgelegen, die eine Woche später beim Verbandswechsel wieder zu bluten begannen und nach weiteren drei Wochen zum Staunen der behandelnden Sozialpflegerin zugeheilt waren. In einem anderen Falle besuchte ich in Virginia einen bekannten Professor der Physik, nach dem sogar ein Chapter der American Society of Dowers benannt ist. Quer durch sein Haus lief ein starkes Strahlenfeld einer Stärke von 12 m. Die Ehefrau lag regungslos fast ohne Reaktion im Bett und konnte nicht mehr sprechen. Auch er war sehr krank. Ich besuchte ihn im Krankenhaus, das er am darauffolgenden Tag gesund verließ. Drei Wochen nach der Hausentstörung, als ich von Süden kommend in der Gegend wieder vorbeikam, saß das alte Ehepaar vergnügt am TV-Gerät. Die drei Krankenschwestern, die abwechselnd im Hause tätig waren, wendeten regelmäßig meine Gestirnstrahlentherapie an und berichteten über die täglich festgestellten Fortschritte und Besserung bei beiden.

Ein Mädchen, das über sechs Jahre mit Unterkörper-Querschnittlähmung im Rollstuhl saß und in mehreren Kliniken ohne Erfolg behandelt und auch operiert wurde, widersetzte sich ca. eine Woche nach der Hausentstörung, wie sie vorgab, die kalten Stahlschienen anzulegen, die sie im Rollstuhl tragen mußte. Drei weitere Wochen später trat ihr der Vater auf den Fuß, worauf sie zum Erstaunen aller einen Wehlaut von sich gab. Kurz darauf entstieg sie dem Rollstuhl für immer, fährt Rad, spielt Federball und erfreut sich des behinderungsfreien Lebens.

Eine junge Frau, die wegen Neurodermitis sowohl im Rückenmark als auch in der Brust punktiert wurde, danach in ca. 13 Jahren ca. 40.000 Tabletten Ameril einnahm, wurde drei Tage nach der Entstörung ihrer Wohnung vollkommen beschwerdefrei, wodurch sie ihre Lebensfreude wiedergewonnen hatte.

Eine Kindergärtnerin aus Österreich hatte Sarkoidose, Morbus Boeck im dritten Stadium. Auch zu dieser Krankheit ist die Ursache noch unbekannt. Wenige Wochen nach der Hausentstörung war sie vollkommen gesund, obwohl man bei dieser Krankheit nur im ersten Stadium Heilungschancen einräumt. Vorher wurde sie über ein Jahr mit Kortison behandelt und Ärzte sagten ihr, daß sie dieses Medikament ihr Leben lang einnehmen müsse. Sie benötigt nun keinerlei Medikamente mehr.

Auch elefantenähnlich angeschwollene Beine, fingerdicke Krampfadern, offene Beine etc. benötigen zur Verheilung nach erfolgter Hausentstörung in der Regel ebenso mehrere Wochen, da sich scheinbar die

Venenklappen nicht so schnell auf die neue Kreislaufsituation umstellen können.

Krebs ist in der Regel heilbar, wenn er noch nicht durch Metastasen zu weit fortgeschritten und verbreitet ist und der körperliche Zustand noch nicht allzusehr heruntergekommen ist. Hier kann es aber ein „zu spät" geben, wobei sich eine Entstörung lebensverkürzend auswirken könnte, da durch die Motivation und Aktivierung des Körpers die letzten Reserven schneller aufgebraucht werden. Ich nehme an, daß auch Aids auf diese Weise heilbar ist, was zu testen wäre. Hin und wieder ist festzustellen, daß ehemalige überstandene Krankheiten, wie auf einem Film, der mit Zeitraffung rückwärts läuft, kurzfristig wieder aufflammen und sodann endgültig abheilen. An Tschernobylkindern stellt man im Kopf- und obersten Rumpfbereich (wie ein Turnhemd-Halsausschnitt) eine starke negative Aufladung fest. Ich nehme an, daß die Readioaktivität hier vergesellschaftet mit Erdstrahlen vorliegt. Demzufolge könnte man den Kindern durch Beseitigung der Aufladung und Einleitung einer Gestirnstrahlendurchflutung helfen.

Meine Bemühungen und Hilfsangebote in dieser Richtung wurden bisher – auch von Politikern – leider zurückgewiesen.

Auch an Tieren heilten langjährige chronische Krankheiten, was einen Placeboeffekt ausschließt. Es würde den Umfang dieses Buches sprengen, wollte ich hier alle chronischen Krankheiten aufzählen, die sich trotz gegensätzlicher Meinung der Schulmedizin als heilbar erwiesen haben.

Alle im Heilwesen tätigen Personen sollten sich demnach mit den Erdstrahlen den Untersuchungsmethoden und den Maßnahmen gegen sie, ferner mit meinen Gestirnstrahlentherapien zum Nutzen der Menschheit befassen. Nur in der engen Zusammenarbeit zwischen Ärzten und Heilpraktikern einerseits und Radiästheten andererseits ist das Ziel der Kostendämpfung im Gesundheitswesen und dies sogar bei gleichzeitiger Anhebung der Weltgesundheit sowie der Lebenserwartung zu erreichen.

Die Deutung dieser bisher unbekannten Wirkmechanismen mit der Entdeckung und Herausstellung der „Gestirnstrahlen" als der gemeinsame Faktor allen gesundheitlichen Bemühens, sowie meine mehr als zehn verschiedenen hochwirksamen Gestirnstrahlentherapien (im Buch „Gottes Gestirnstrahlen") inklusive der Konvertierbarkeit der negativen Erdstrahlen in positive Gestirnstrahlen (z. B. durch meine Discustherapie) erachte ich als meine bedeutendsten Erkenntnisse.

Meine Gestirnstrahlentherapien sind ähnlich wie bei Reiki, das eine wesentlich geringere Aufnahme von Gestirnstrahlen bewirkt, ebenso bestens zur **Erhaltung der Gesundheit** geeignet, d. h. wenn sich noch keinerlei Krankheitssymptome zeigen. Sie **stärken die Vitalität** und **Immunität** und **positivieren die Lebensfreude**.

Ich bezeichne sie als **„KURAMAN"** und beabsichtige **KURAMAN-Kurse** abzuhalten und dies mit entsprechendem Abschluß-Zertifikat bei erfolgreicher Teilnahme. Das Wort **KURAMAN** setzt sich wie folgt zusammen: **KU**llmann-**RA**di-**MAN**ipulation bzw. **KU**llmann-**RA**y-**MAN**ipulation.

Auf den beiden folgenden Seiten das Programm der KURAMAN-Kurse für den Anfänger-und den Fortgeschrittenenkurs, differenziert nach Berufsgruppen, Heilberufe oder Radiästheten.

KURAMAN = KULLMANN-RADI-MANIPULATION

I. KURAMAN FÜR ANFÄNGER - Die Techniken der Radimanipulation, d.h. der Naturstrahlen-Handhabung

Teil 1: für Heilberufe = H und Radiästheten = R

Kursbeginn: Samstag 9.00 Uhr
Kursende: Sonntag 14.00 Uhr

A) Die Bedeutung des Wünschelruteneffektes mit praktischen Übungen
1. die konstante Kreuzung der Winkel- bzw. Meisterrute
2. das Pulsieren, d.h. kreuzen und öffnen der Rute
3. das Verharren in paralleler Position
4. das Auseinanderdriften der Rutenschenkel
5. das Unterscheiden zwischen Strahlen und Turbulenzen
6. das Messen der Intensität

B) Die Bedeutung des Pendeleffektes
1. die Linksdrehung
2. die Rechtsdrehung
3. das lineare Pendeln
4. der Pendelstillstand
5. das Unterscheiden zwischen linearen Strahlen und Turbulenzen

C) Die Bedeutung des Effektes der Diagnoseschleife mit praktischen Übungen
1. das Ausbrechen der Schleifenspitze
2. das reaktionslose Verharren der Schleifenspitze

D) Die Ost-/Westrichtung
a) Bestimmung mit dem Flaschenkompaß
b) Auswirkung der Ost-/Westrichtung

Wilton Kullmann

☐ **Strahlen-Forschung**
☐ **Literatur**
☐ **Untersuchung**
☐ **Schutzbedarf**

Wasserstraße 8-10
D 55545 Bad Kreuznach
Germany
Telefon: 0671 / 2 76 69

Bei Interesse fordern Sie bitte das Anmeldeformular, sowie den Prospekt des jeweiligen Tagungshotels unter obiger Adresse an.

Teil 2: "R" für Radiästheten

E) Schutzmaßnahmen gegen Erdstrahlen und Testen der Wirkung

1. die Stahlenschutzgeräte SSK 17 und SST 14,5
   a) Wirkung
   b) Strahlenbalken
   c) Sicherung
   d) Reaktivierung
2. der Terradex-Lichtnetzentstörer von Dr. Schulte-Uebbing
3. Störfaktoren und deren Entstörung bzw. Beseitigung
   a) im Haus
   b) außerhalb des Hauses

F) Arbeitsgänge zur Entstörung eines Wohnhauses und bewährte Techniken

G) Die Nachsorge in gewissen Zeitabständen,

d.h. Überprüfung
a) durch Begehung
b) per Telefon

Teil 2: "H" für Heilberufe

E) Das Aufsuchen von Energieblockaden im Körper
a) in horizontaler Körperlage
b) bei aufrechter Körperhaltung

F) Die Auswirkungen von Energieblockaden auf den Gesamtorganismus bei Störungen im Bereich:
a) Kopf b) Rumpf c) Gliedmaßen

G) Das Messen der körperlichen Astralstrahlung (Aura)
a) mittels Rute b) mittels Diagnoseschleife

H) Das Aufsuchen von Lücken in der Astralstrahlung sowie das Schließen der Lücken

I) Die Überbrückung der gestörten Nervenbahnen durch Creme-Leitlinien
a) auf der Rückseite
b) auf der Vorderseite
c) am Kopf
d) sonstige Möglichkeiten

J) Die Notwendigkeit einer chiropraktischen Behandlung

K) Maßnahmen bei Übersäuerung

L) Die wichtigsten Aufbaustoffe für den regenerationsbereiten Körper

M) Kontraindikationen und Maßnahmen

Anmerkungen: Den 1. Teil haben beide Berufsgruppen gemeinsam, der 2. Teil ist getrennt und berufsbezogen.

Seminargebühr: (2 Tage) pro Person 300,- DM inkl. MwSt
Bei Rücktritt wird 1/3 der Gebühr einbehalten.

Sonstiges: Teilnahme-Zertifikat bei erfolgreichem Abschluß.

Hotel:	EZ für 1 Person	DZ für 2 Personen
Frühstück	110,- bis 130,- DM	170,- bis 220,- DM
Halbpension	130,- bis 170,- DM	220,- bis 280,- DM
Vollpension	160,- bis 190,- DM	280,- bis 340,- DM

Prospekt und Preisliste des betreffenden Tagungshotels für den jeweiligen Kurs wird nach Eingang der Anmeldung zugestellt. Weitere Auskünfte erteilt das Hotel bei der Zimmerreservierung.

KURAMAN = KULLMANN-RADI-MANIPULATION

II. KURAMAN FÜR FORTGESCHRITTENE - Die Techniken der Radimanipulation (der Naturstrahlen-Handhabung)
- Voraussetzung für Kurs II ist die erfolgreiche Teilnahme an Kurs I -

Kurs II für Heilberufe und Radiästheten gemeinsam	Kursbeginn: Samstag 9.00 Uhr Kursende: Sonntag 14.00 Uhr

A) Die Befreiung von blockierenden Erdstrahlen
1. die Kontaktentladung
2. die Softentladung
3. die Körperexplosion
4. die Scheuchbewegung nach oben
5. das große Kreuz
6. das Abziehen durch Borsten, Kämme, Gabeln und sonstige Antennen
7. das Abbiegen durch Wassersäulen
8. das Abbiegen durch Elektromotore
9. die Reflexion durch Planspiegel und Hohlreflektoren

B) Die Verwandlung der Erdstrahlen in Gestirnstrahlen (Sekundenphänomen)
1. die Discustherapie
   a) ganzkörperlich am Kopf und an den Schmerzstellen
   b) an Händen und Füßen
   c) an Speisen und Getränken sowie Medikamenten
   d) durch Aufnahme fremder Erdstrahlen

C) Die Verdrängung der Erdstrahlen durch Gestirnstrahlen (Sekundenphänomen)
1. die Discustherapie nach Aufnahme von Gestirnstrahlen
2. die Bruscaltherapie
3. die Digitaltherapie
4. die Blätter- und Blütentherapie
5. die Cremetherapie und Cremeakupunktur
6. die Steintherapie
7. die Radontherapie
8. die Fototherapie
   a) Menschen b) Tiere c) Pflanzen d) Reliquien e) Steine, etc.
9. Schrift- und Gemäldetherapie
10. die Manustherapie
11. die Hüpf- und Schütteltherapie
12. die Torsionstherapie und die Pendeltherapie
13. die Mentaltherapie (Ausführung an Personen, Nahrungsmittel, Medikamenten etc.)

D) Die Umwandlung strahlentoter Faktoren (Alkohol, Säure, Lauge)
1. durch Verdünnung bzw. Neutralisation
2. mittelbar durch gegensätzliche Ladungsträger
3. durch die Torsionstherapie

E) Weitere Manipulationsmöglichkeiten
1. die Addition von Strahlenladungen
2. die Subtraktion von Strahlenladungen
3. die Vervielfältigung von Strahlenladungen
4. die Löschung von Strahlenladungen

F) Die Übertragung von Strahlenladungen
1. die Direktübertragung
2. die Fernübertragung mittels technischer Trägerwellen
   a) über Telefon
   b) via Satellit
   c) über Bildschirm
3. die Mentalübertragung über Gehirnströme
   a) mit Musikunterstützung b) ohne Musik

Seminargebühr: (2 Tage) pro Person 300,- DM inkl. MwSt
Bei Rücktritt wird 1/3 der Gebühr einbehalten.

Sonstiges: Teilnahme-Zertifikat bei erfolgreichem Abschluß.

Hotel:	EZ für 1 Person	DZ für 2 Personen
Frühstück	110,- bis 130,- DM	170,- bis 220,- DM
Halbpension	130,- bis 170,- DM	220,- bis 280,- DM
Vollpension	160,- bis 190,- DM	280,- bis 340,- DM

Prospekt und Preisliste des betreffenden Tagungshotels für den jeweiligen Kurs wird nach Eingang der Anmeldung zugestellt. Weitere Auskünfte erteilt das Hotel bei der Zimmerreservierung.

Klärung der Wirkmechanismen bekannter Haus- und Heilmittel sowie angewandter Heil- und Diagnoseverfahren

Das Katzenfell

Seit vielen Jahrhunderten ist die schmerzlindernde Wirkung eines Katzenfells bei Rheuma bekannt. Dies ist darauf zurückzuführen, daß Katzenfelle eine ungewöhnlich hohe Speicherkapazität für Erdstrahlen besitzen, die sie dem Körper an der schmerzenden Stelle, d.h. wo die Aufladung besteht, entziehen. Doch ist die Kapazität erschöpft, fließen durch den Kontakt zur Haut die Überladungen zurück und mit ihnen treten die Schmerzen wieder auf. Durch regelmäßige Entladungen kann man dies verhindern. (Entladen von Personen und Gegenständen im Buch „Erdstrahlen und Gestirnstrahlen".)

Produkte aus Schafs-, Kamel- und Lamawolle

Diese echten Wollprodukte haben ebenso eine enorme Speicherkapazität für Strahlen. So hält 100 Gramm Wolle die gleiche Strahlenladung wie 1 kg Messing. Bei Wolle wandern die Strahlen immer zuerst an die höchsten Stellen, wo sie sogar bei Kontakt bzw. bei ungenügendem Abstand zum Körper bei Überladung nach unten zurückfließen können. Befindet sich aber der Körper oberhalb der aufgeladenen Wolle, so zieht er in jedem Falle die Ladung nach oben auf sich. Demnach sollte man nicht auf Wollprodukten liegen, was auch für Federkissen gilt. Antirheuma-Unterwäsche und Wollsocken sollten durch häufiges Waschen regelmäßig entladen werden. Bechterew-Kranke sollten keine Kleidung aus Wollstoffen tragen, da die Erdstrahlen den Körper im Halsbereich, d.h. an der höchsten Stelle des Kleidungsstückes ständig beschießen.

Das Kupferarmband

Auch das Kupferarmband hat eine gewisse Speicherkapazität für Erdstrahlen. Bei permanenter Überschreitung der Speicherkapazität des Armbandes kann am Arm ein Überbein entstehen. In der Regel aber entlädt sich das Kupferarmband durch das Hantieren an Wasserleitungen oder die Ladung wandert ab in die Metallgegenstände, die sich örtlich darüber befinden, was sogar ohne Kontakt möglich ist.

Musikinstrumente aus Metall

Befinden sich Musikinstrumente aus Metall höher als der Musizierende, so wandern auch hier eventuell vorhandene körperliche Erdstrahlenladungen nach oben in die Instrumente ab, was man als angenehm empfinden kann. Dieser Umstand hat mit Sicherheit einen bedeutenden Einfluß auf die Heilwirkung der Musiktherapie.

Die Bettflasche aus Metall

Alte Leute nehmen oft sogar im Sommer eine Bettflasche mit ins Bett, da sie festgestellt haben, daß hierdurch ihre Rheumaschmerzen gelindert werden. Häufig werden diese Bettflaschen noch mit alten Wollstoffen umwickelt. Die Bettflasche und die Wolle entziehen dem Körper einen Teil der Erdstrahlen, die sodann am nächsten Tag beim Aufwärmen der Bettflasche an den Herd abgegeben werden. Die Strahlenabführung kann in diesem Falle besonders günstig bewertet werden, da der Körper im Liegen keine Richtcharakterwirkung hat und demnach sämtliche über Nacht aufgenommene Strahlenladungen speichern würde.

Die Roßkastanie

Roßkastanien sowie Eßkastanienbäume haben eine positive Gestirnstrahlenladung. Trägt man demnach einige Kastanien in der Hosentasche, auf der schmerzenden Körperseite, so verdrängen sie die benachbarten Erdstrahlen. Nach einer gewissen Zeit allerdings verlieren sie ihre Gestirnstrahlen und mit ihnen die erdstrahlenverdrängende Wirkung. Nun aber sind sie in der Lage, weitere Erdstrahlen anzuziehen und zu speichern. Erst bei Übersättigung der verhältnismäßig großen Kapazität fließen auch hier die Strahlen zurück (Kastanien gegen neue austauschen).

Heilschlamm und Fangopackungen

Durch den direkten Körperkontakt fließen die Erdstrahlenladungen in diese Packungen ab. Auch hier haben wir bei Überschreitung der Kapazität Rückwanderungen zum Körper hin, was bei mehrfacher Verwendung der gleichen Packmasse die erhoffte Heilwirkung vereiteln kann.

Naßkalte Umschläge

Diese haben einen kühlenden Effekt, was bei heißen Entzündungen sehr lindernd ist. Nebenbei werden hierbei auch Strahlenladungen abgebaut. Durch ständiges Umwenden der Umschläge, was eine Strahlenneutralisation bewirkt, kann man einen besseren Erfolg erzielen.

Wasserbehandlungs- und Bewegungstherapien

Bewegtes Wasser entzieht dem Körper eventuell vorliegende Erdstrahlenladungen. Hier reicht es häufig schon aus, wenn man sich in der Nähe aufhält, d.h. ohne direkten Wasserkontakt. Eine Rückwanderung ist hier nicht möglich.

Heublumenbäder

Hier ist die Wirkung auf den Hauptbestandteil, nämlich die getrockneten Blüten des roten Wiesenklees (Trifolium patense rubri) zurückzuführen. Dieser hat eine starke Anziehungskraft auf Gestirnstrahlen. Eine ähnlich starke Anziehung haben die Alpenpflanzen der Gemswurz und die Feuerlilie, die man sicherlich ebenso für Heilbäder verwenden könnte.

Solebäder und Solebewegungsbäder

Hier gilt das gleiche wie bei den Wasseranwendungen mit normalen, d.h. gewöhnlichem Wasser, jedoch wegen der starken Anziehungskraft auf Gestirnstrahlen, was auf die gelösten Mineralien zurückzuführen ist, wird hier der Körper ständig mit Gestirnstrahlen durchflutet. Eine derartige Durchflutung ist sogar möglich, wenn man sich lediglich in der Nähe aufhält und sogar selbst nicht im Wasser ist. Voraussetzung ist aber, daß das Wasser nicht älter als 4 Tage ist, und der untere sowie der obere Wasserspiegel durch einen Gegenstand bzw. eine Person unterbrochen wird, d.h. gestört wird. Nach genau 4 Tagen läßt die Anziehungskraft auf Gestirnstrahlen nach und alle Strahlen werden wegen des hohen Salzgehaltes zurückgedrängt, sodaß ungesunde strahlentote Räume entstehen. Die gleiche strahlenverdrängende Situation liegt bei Gradierwerken vor, an denen keine Berießelung stattfindet, sie sind daher zu meiden. Frisches Solewasser in einer Flasche auf den Kopf gestellt fördert die Gestirnstrahlendurchflutung des Körpers.

Schwefelmoorbäder und Heilwasserbäder

Auch sie haben eine gewisse Anziehungskraft auf die Gestirnstrahlen, was durch ihre chemische Zusammensetzung, d.h. durch Salhuminsäure bzw. durch Quarzgestein im Erdinneren bewirkt wurde. Auch hier tritt nach ca. 4 Tagen eine Erschöpfung der Anziehungskraft ein. Frisches Heilwasser, das man trinkt oder in einer Flasche über den Kopf bringt, bewirkt ebenso eine Körperdurchflutung mit Gestirnstrahlen.

Radonstollen

Der lockere Porphyrfelsen ermöglicht häufig die Durchdringung mit Radongas. Vergesellschaftet mit den radioaktiven Strahlen gelangen aber auch positive Strahlen zum Einsatz. Legt man demnach ein linsengroßes Stückchen Radonporphyr auf eine Schmerzstelle, so wird diese in wenigen Sekunden von Gestirnstrahlen durchdrungen, was die Erdstrahlenladung verdrängt und augenblicklich zur Schmerzfreiheit führt. Auch ein schmerzender Fersensporn kann hiermit erfolgreich behandelt werden. In diesem Falle helfen auch Röntgenstrahlen.

Edelsteine

Auch die Edelsteintherapie der Hl. Hildegard von Bingen basiert auf der Aufnahme von Gestirnstrahlen. Die Könige und Kaiser besetzten ihre Kronen damit und holten sich so Vitalität und Gesundheit von den Sternen. Ich habe alle Edel- und Halbedelsteine auf ihre Strahlung hin untersucht (siehe „Die perfekte Hausentstörung"). Edelsteine wirken wie alle Gestirnstrahlensammler, d.h. dem über ihnen befindlichen Körperteil entziehen sie die Gestirnstrahlen, während der tieferliegende Körperteil mit Gestirnstrahlen durchflutet wird. Diese meine Erkenntnis muß beachtet werden, denn demnach sind Edelsteine unter der Matratze, wie häufig angewandt, negativ zu beurteilen.

Akupunktur, Elektroakupunktur und Elektro-Diatherakupunktur

Auch diese Heilbehandlungen wirken über die Aufnahme von Gestirnstrahlen, denn die eingesteckten Nadeln haben für die Strahlen eine Antennenwirkung. Es ist demnach nicht der Einstichschmerz, dem man die Heilwirkung zuschreibt, sondern die positive Wirkung der aufgenommenen Gestirnstrahlen. Meine Bruscaltherapie, bei der hunderte solcher Antennen aus Borsten, Haaren oder Kunststoff zum Einsatz kommen, hat eine entsprechend stärkere Wirkung. Sogar nach einer Ohrakupunktur kann man an den zugeordneten Körperteilen eine verstärkte Gestirnstrahlung feststellen, wodurch der Nachweis über die Verbindung zwischen dem Akupunkturpunkt am Ohr und dem Körperteil erbracht werden kann.

Die Farbtherapie

Durch Überprüfung dieser Therapien sowie ihrer Wirkung kann man feststellen, daß auch diese Therapie auf der Aufnahme von Strahlen und der Verdrängung von Strahlen basiert. So bewirken alle rotgetönten Farben negative Aufladungen, d.h. Erdstrahlenaufladungen, doch ist die Effizienz von der Farbe des auffallenden Lichtes abhängig, ob Tageslicht, Gewitterlicht, Glühbirnenlicht, Neonlicht oder Kerzenlicht auftrifft. Die ungetönten, d.h. reinen Rotfarben reagieren auf Tageslicht. Das gelbgetönte Rot reagiert auf Glühbirnen- und Kerzenlicht und schließlich das blaugetönte Rot auf Gewitterlicht und Neonlicht. Alle Grünfarben bewirken eine Aufnahme positiver Strahlen, d.h. Gestirnstrahlen. Gelb zeigt keine Wirkung auf diese Strahlen. Bei violetten Farben, welche ja aus der Mischung von Rot und Blau entstehen, hängt es davon ab, welche Seite oben bzw. unten liegt. Liegt die Farbe Blau nach unten, so erzielt man eine positive Aufladung, während man bei Rot nach unten eine negative Aufladung erhält. Alle Blaufarben wirken strahlenverdrängend.

Es ist völlig belanglos, ob man lichttransparente Scheiben oder undurchsichtiges Material bzw. Kleidungsstücke hierzu verwendet, da diese Strahlen ohnehin alles durchdringen.

Will man den Sympathikus anregen, so verwendet man Grünfarben. Sie wirken anregend, vitalisierend. Zur Anregung des Parasympathikus, d.h. zum Dämpfen eignen sich Rotfarben allerdings unter Berücksichtigung des auftreffenden Lichtes. Bei Entzündungen und Gicht sollte man Blaufarben einwirken lassen, welche durch die Strahlenverdrängung wie Blocker wirken, d.h. die Überreaktion des Körpers z.B. durch Antikörper bremsen.

Die Magnetfeld-Therapie

Wie ich in einem Vortrag über dieses Sachgebiet im Rahmen meines Heilpraktikerstudiums feststellen konnte, wirkt auch diese Therapie über den Abbau der Erdstrahlenblockaden durch Verwirbelung der negativen Strahlen sowie Durchflutung mit positiven Strahlen (Gestirnstrahlen). Obwohl die Person, die an beiden Armen starke Blockaden hatte, die Behandlung als unangenehm bezeichnete, war danach an beiden Armen eine Astrahlstrahlung von ca. 7 m feststellbar.

Zu erwähnen ist, daß nach der Anwendung bei allen Anwesenden die Gestirnstrahlen fehlten. Demnach sollten sich die Ärzte und Heilpraktiker durch Reflexionsfolien schützen, wie sie in meinem Buch „Erdstrahlen und Gestirnstrahlen“ als Strahlenponcho beschrieben sind. Da die verwirbelten Strahlen stärkste Massivwände durchdringen, sollte man überlegen, ob es nicht sinnvoll wäre, einen speziellen Behandlungsraum einzurichten mit entsprechender Strahlensperre durch Alufolie an den Wänden.

Die Laser-Technik

In einem weiteren eindrucksvollen Vortrag von Herrn Heilpraktiker Hermann Friedrich, ebenfalls im Rahmen meines Heilpraktikerstudiums, hatte ich Gelegenheit den Wirkmechanismus dieser Technik zu erforschen. So konnte ich feststellen, daß nach einer Behandlungsdauer von ca. einer Minute eine Astralstrahlung von ca. 7 m aufgebaut ist, die allerdings von der behandelten Stelle auf den gesamten Körper abwandert. Demnach wäre es besser, wenn man vor der gezielten lokalen Anwendung eine ganzkörperliche Astralstrahlung aufbaut. Darüber hinaus ließ sich feststellen, daß bei einer Laserdusche-Behandlung einer Handfläche die Astralstrahlen von den Fingern der Patientin, welche als Sender wirken, auf den Behandelnden übertragen wurden. In derartigen Fällen sollte man meiner Ansicht nach die Fingerkuppen der Patientin durch eine Alufolie absperren, damit die Strahlen bei der Patientin bleiben, wo sie eigentlich wirken sollen.

Die Hochfrequenz-Ozon-Therapie

Auch die positive Wirkung dieser Therapie beruht auf der Vermittlung von Gestirnstrahlen. Es ist festzustellen, daß die aufgenommenen Strahlen nicht von selbst nach unten abwandern, demnach ist eine ganzkörperliche Behandlung einer Teilflächenbehandlung vorzuziehen.

Der Abzug der Strahlen über die Beine und Füße ist von großer Bedeutung für einen Heilerfolg.

Das Heilpendeln

Wenn man dem Heilpendeln überhaupt eine Wirkung zuschreibt, so wird man diese der Esoterik zuordnen, auch hier konnte ich klären, daß die Pendelkreise im Uhrzeigersinn starke Gestirnstrahlen aufbauen, denn die Gestirnstrahlen haben eine fortschreitende rechtsdrehende Welle. Bei meiner Torsionstherapie – der Therapie mit dem größten Effekt – kommen die gleichen Physikgesetze zur Anwendung.

ALLGEMEINES ÜBER WIRKMECHANISMEN ORALER MITTEL

Es gibt Medikamente und Heilmittel, die Erdstrahlen an sich binden, welche alsdann über die Ausscheidungsorgane abgeführt werden.

Es gibt aber auch Medikamente und Heilmittel, welche mit Hilfe ihrer starken Gestirnstrahlen die blockadenbildenden Erdstrahlen verdrängen.

Auf die letztere Art wirken z.B. fast alle Heilkräutertees, wie ich feststellen konnte.

Die Phytotherapie und meine Blätter- und Blütentherapie

Legt man sich die frischen Blätter derartiger Gestirnstrahlenpflanzen wie z.B. Löwenzahn, die gefiederten, d.h. weiblichen Blätter des Hopfens so wie sie wachsen, d.h. die Oberseite nach oben auf den Kopf oder auf eine schmerzende Körperstelle, so verspürt man in wenigen Sekunden eine deutliche Schmerzlinderung. Blüten der gleichen Pflanze wirken sogar in gedörrtem Zustand (meine Blätter- und Blütentherapie). Dementsprechend liegt der Bachblütentherapie nach dem englischen Dr. Bach der gleiche Wirkfaktor „die Gestirnstrahlen" zugrunde.

Selbst **Fotos dieser Pflanzen** mit der Bildseite nach oben aufgelegt, haben die gleiche, d.h. unverminderte Wirkung (meine Fototherapie). Die Blätter von Erdstrahlenpflanzen wie Philodendron, Farnen etc. oder auch des Walnußbaumes, so auch deren Fotos, muß man hierzu umgekehrt, d.h. mit der Oberseite nach unten auflegen. Der Vorteil meiner direkten Gestirnstrahlentherapien liegt darin, daß man die Gestirnstrahlen **ohne Umwege über den Körper** bzw. **über Organe direkt und ohne Zeitverlust an die Schmerzstelle** heranbringen kann, während bei den anderen Therapien auf dem Weg zur Schmerzstelle die Rechtsdrehung des Mittels durch linksdrehende Körperpartien zum Teil oder gänzlich neutralisiert werden kann, was eine Wirkungsverminderung bedeutet. Auch die Wirkung von Tabletten bzw. Dragees beruht überwiegend auf dem rechtsdrehenden Charakter, d.h. auf der Aufnahme der rechtsdrehenden Gestirnstrahlen. Doch auch hier können auf dem Weg bis zur Bedarfstelle im Verdauungssystem Wirkungsverluste eintreten.

Die Wirkung ist nicht von der Menge abhängig, sondern von der Stärke der Strahlung, welche in kleinsten Teilchen enthalten ist, was die Wirkung der Hahnemann'schen homöopathischen Verdünnungen erklärt. So konnte ich z.B. im Experiment feststellen, daß ein einziger Tropfen Cola nach zehnmaliger Verdünnung mit je einem Liter Wasser hintereinander durchgeführt, noch die unverminderte Astralstrahlung hatte wie zuvor.

Arznei und Heilmittel zum Einnehmen

Jedes Mittel, das eingenommen wird, hat eine bestimmte Wirkung auf Erd- bzw. Gestirnstrahlen. So gibt es Heilmittel und Medikamente, die **Erdstrahlen an sich binden**, d.h. aus dem Körper abziehen und demzufolge eine schmerzlindernde Wirkung haben. Diese Medikamente müssen den Körper aber möglichst schnell durchwandern, daher die Empfehlung Abführmittel einzunehmen, damit der Verdauungsapparat nicht durch Nebenwirkungen geschädigt wird. Am besten hierzu geeignet sind flüssige Mittel, die schneller ausgeschieden werden als feste Stoffe.

Die meisten Medikamente und Heilmittel sind wie unsere Gesundheitstees aus Heilkräutern **rechtsdrehend**, d.h. **sie nehmen die gesundheitsfördernden Gestirnstrahlen auf**. Nun kann es aber passieren, daß beim Transport oder bei der Lagerung in der Apotheke durch starke Erdstrahlen die positive Ladung bereits neutralisiert wurde oder sogar schon eine negative Aufladung vorliegt. Mit derartigen Medikamenten kann man natürlich keine positive Wirkung erzielen.

Dies macht deutlich, daß speziell Apotheken und Arzneigroßhandlungen frei von Erdstrahlenfeldern sein müssen, sonst kann man gleich wirkungslose Placebomittel einnehmen, die zudem billiger sein dürften.

Homöopathische Mittel

wirken nicht über den Stoff, der hier nur noch in Spuren enthalten ist, sondern ausschließlich über die Strahlung. Bei der Verschüttelung der standardisierten Substanzen (Pflanzen, Tiere, Mineralien) mit der Vehikelsubstanz im festgelegten Verhältnis entsteht durch die Auf- und Abwärtsbewegung eine enorme Aufladung mit Gestirnstrahlen. (Vergl. Trampolinspringen und Tänze der Naturvölker.) Diese kann sogar im jenseitigen, d.h. im strahlentoten Bereich liegen. Es ist anzunehmen, daß sich diese Ladung auf den ähnlichen Stoff im Körper überträgt, worauf hin ihn der Körper erkennt und ausleitet. Ist die Bewegungsrichtung bei der Verschüttelung unter 30 Grad zur Waagrechten, so werden keine Strahlen aufgenommen und das Mittel ist wirkungslos. Hier liegt der gleiche Sachverhalt vor wie bei der Aufnahme von Gestirnstrahlen auf einen Diskus (z.B. trockenes Papier), den man mit dem Daumen unterhalb der Handfläche hält und mit ausgestrecktem Arm zum Himmel richtet. Erst bei Überschreitung des 30-Grad-Winkels ist eine Aufnahme von Gestirnstrahlen möglich.

Der Kombuchapilz, Superbiomin-Mineralien und Aloe vera

haben alle die gleiche Wirkung auf die körperliche Gestirnstrahlendurchflutung wie die vorausgegangenen Stoffe. In Australien gibt es den Ayers Rock, dies ist der heilige Berg der Aborigines, der Ureinwohner Australiens. Das Gestein hat eine Astralstrahlung von ca. 7 m und könnte demnach zu Heilungen verwendet werden.

Die Ginsengwurzel

Bekanntlich soll sie einen verjüngenden Effekt haben. Meine Untersuchung ergab eine Astralstrahlung von ca. 6,10 m. Wäre diese Strahlung um einen Meter stärker, so könnte man die Ginsengwurzel sogar zur Schmerzbeseitigung benutzen.

Knoblauch

Aus der Erfahrung weiß man, daß Knoblauch vorbeugend gegen Arteriosklerose sowie gegen Osteoporose wirkt und daß Knoblauch darüber hinaus einen verjüngenden Effekt hat. Auch dies beruht auf der Gestirnstrahlung, denn frischer Knoblauch hat sogar eine Astralstrahlung von ca. 10 Metern, d.h. er liegt hart an der Grenze zwischen äußerst starker Astralstrahlung und jenseits davon, dem strahlentoten Raum. Diese starke Astralstrahlung verhindert körperliche Erdstrahlenblockaden, bei deren Vorliegen die Knochen beim Regenerationsprozeß nur ungenügend Calzium aufnehmen, sodaß Calzium in den angesetzten Fetten an der Arterieninnenwand eingelagert wird. Dieser Wirkmechanismus läßt deutlich einen Zusammenhang zwischen der Artierosklerose und der Osteoporose erkennen.

Gemäß der Überlieferung uralten Aberglaubens sollen **Knoblauch** und das **Kreuz** auch zur **Abwehr von vermeintlichen Vampiren**, d.h. böser Geister dienen. Nun, wie oben erwähnt, werden durch Erdstrahlen im Kopfbereich Aggresionen und Depressionen ausgelöst. Eine weitere Begleiterscheinung hierbei sind Angst- und Horrorträume, da das Gehirn auch im Schlaf die Strahlenbelastung verspürt.

Durch die gestirnstrahleneinholende Wirkung des Knoblauchs sowie durch das inbrünstige Gebet, worauf ich später zurückkomme, werden im Kopf vorliegende Erdstrahlenladungen abgebaut. Hier setzt man das Gebet, da es unsichtbar ist, dem existenten Kreuz gleich. Demnach folgere ich: durch Kreuz oder Knoblauch keine bösen Träume, und weiter: keine Träume, keine Vampire. Ohne die Zwischenstufe demnach: durch Kreuz oder Knoblauch keine Vampire.

Lassen Sie mich noch etwas zum Knoblauch erwähnen. Bei Dornwarzen, die sich bekanntlich nur sehr schwer restlos beseitigen lassen, reicht es zur völligen Beseitigung schon aus, mehrere Tage eine zerkleinerte Knoblauchzehe im Schuh zu tragen.

Ich habe irgendwo einmal gelesen, daß Knoblauchpillen bei weitem nicht an die Wirkung der Knoblauchzwiebel selbst heranreichen würden und sogar wirkungslos seien. Diese Behauptung stimmt nicht. Im Gegenteil, an verschiedenen Produkten konnte ich feststellen, daß ihre Astralstrahlung stärker als an länger gelagertem Knoblauch ist, was wahrscheinlich darauf zurückzuführen ist, daß die Pharmaindustrie frischen Knoblauch verwendet. Gewiß, es kann vorkommen, daß die Knoblauchpillen in der Apotheke oder sonstwo durch Lagerung über einem Erdstrahlenfeld oder neben einem starken Störfaktor an Wirkung verloren haben.

Kürbiskerne

Auch sie wirken über die vermehrte Aufnahme von Gestirnstrahlen. Später unter „Landtiere“ werde ich über die Wirkungen von in den USA beheimateten Gould-Frucht berichten, welche zu der Familie der Kürbisgewächse gehört.

Echinacea,

das bewährte Immunstimulans zur Vorbeugung oder Bekämpfung von Entzündungen und Infektionen hat eine Astralstrahlung von ca. 8 m, demnach beruht auch die Heilwirkung der Echinacea purp. auf der starken Aufnahme von Gestirnstrahlen.

Die Neuraltherapie nach Dr. Huneke

Auch hier ist der Wirkmechanismus noch unbekannt. Man weiß nur, daß durch Injektion bzw. Quaddeln von Procain in den überwiegenden Fällen in wenigen Sekunden eine völlige Schmerzfreiheit erzielt wird.

Man bezeichnet dies als **„Sekundenphänomen“**. Auch hier konnte ich im Rahmen meines Heilpraktiker-Studiums in einem Seminar des Studienleiters Herrn Otto Hoffmann feststellen, daß durch Procain eine starke Aufnahme von Gestirnstrahlen bewirkt wird, wodurch die schmerzverursachenden Erdstrahlenblockaden abgebaut und eine Entkrampfung und ungestörte Blutzirkulation bewirkt werden. **Die Neuraltherapie ist das einzige Heilverfahren, das annähernd die gleiche Gestirnstrahlendurchflutung bewirkt wie die von mir entwickelten Gestirnstrahlentherapien.** Vereinzelt kann durch Allergie gegen Procain eine Unverträglichkeit vorliegen, daher muß vor jeder Anwendung ein Test durchgeführt werden, was bei meinen Therapien entfällt, da diese keine negative Nebenwirkung haben.

Handauflegende Therapien und Massagen

Geht man davon aus, daß der Körper des Patienten tiefer plaziert ist als der der Behandelnden, so ist es logisch, daß der Behandelnde mit seinen Händen die wie Antennen wirken, die Erdstrahlenaufladungen seiner Patienten abzieht. Hat der Behandelnde selbst keinen körperlichen Erdstrahlenherd, so durchwandern ihn diese Strahlen lediglich, sodaß höchstens Ermüdungserscheinungen bzw. Unbehagen auftreten. Beim Vorliegen von Erdstrahlenblockaden allerdings werden diese verstärkt aufgeladen, was sich durch Zunahme der Schmerzen äußert. Masseure, Kranken- und Altenpfleger haben mir dies bestätigt. Ist hingegen der Behandelnde ein Gestirnstrahlenmensch, so verdrängt er die Strahlenladungen seiner Patienten, wobei allerdings seine eigene Astralstrahlung mit der Zeit gemindert wird. So kann es vorkommen, daß sogenannte Wunderheiler durch die Aufnahme der negativen Strahlen ihrer unzähligen Patienten schließlich selbst an Krebs sterben wie z. B. Bruno Gröning. Nach Experimentalverträgen verspüre ich oft mehrere Tage in den Beinen starke Schmerzen und eine spürbare Schwere, was auf die gleiche Ursache zurückzuführen ist, denn die Erdstrahlen werden durch die Gestirnstrahlen nach unten verdrängt und je nach Ausrichtung von mir über die Füße aufgenommen.

Ärzte, Heilpraktiker, Masseure, Krankenpfleger, Altenpfleger, etc. sollten sich durch Eincremen mit Kuraman-Creme schützen.

Die Fußreflexzonenmassage

Im Rahmen meines Studiums konnte ich in einem Referat meines Studiengenossen Harald Schulze-Witteborg, der stattlich geprüfter Masseur ist, auch den Wirkmechanismus dieser Therapie klären.

Wie immer wieder betont, müssen die Gestirnstrahlen den Körper durchfluten, d.h. die Gestirnstrahlen müssen nicht nur aufgenommen werden, sondern sie müssen auch den Körper wieder verlassen, was sowohl an den Füßen als auch an den nach unten gerichteten Händen geschieht. Vermutlich haben wir diese doppelte Austrittsmöglichkeit, damit bei einer dauerhaften Störung durch Verlust oder Ausrichtung nach oben z.B. an den unteren Extremitäten (Füßen) die oberen (Hände) Funktion übernehmen können und umgekehrt.

Diese Gestirnstrahlendurchflutung vollzieht sich auf festgelegten Nervenbahnen, die für jede Körperpartie bzw. für jedes Organ an bestimmten Stellen der Füße bzw. Hände enden. Diese Stellen wurden empirisch gefunden und man bezeichnet sie als Reflexzonen. Liegt nun z.B. an einem Organ eine Störung vor, so treten an der ihm zugeordneten Reflexzone keinerlei Gestirnstrahlen aus.

Die Kirlianfotografie basiert auf dem gleichen Zusammenhang. Infolge des Mangels an Gestirnstrahlen entsteht durch die permanente Verkrampfung an der betreffenden Reflexzone eine deutlich ertastbare Verhärtung, die zu Beginn der Druckbehandlung sogar sehr schmerzhaft sein kann. Schon am Sitz dieser Verhärtungen lassen sich Rückschlüsse auf die Stelle der körperlichen Störung ziehen, d.h. die Verhärtungen lassen sich diagnostisch auswerten.

Bei der Behandlung durch leichten massierenden Druck an der Nervenendstelle wird ein Reiz ausgeübt, der über das fehlfunktionierende Organ zum Gehirn geht. Das Gehirn sendet daraufhin einen Impuls zu der betreffenden Massagestelle zurück, der aber über das betreffende Organ führt. Dieser Impuls enthält vergesellschaftet am Kopf aufgenommene Gestirnstrahlen, sodaß bei längerer Behandlung schließlich sowohl am Organ als auch an dem Nervenendpunkt die Gestirnstrahlen in ausreichender Menge festgestellt werden können. Beim Erreichen einer Astralstrahlung von 7 m tritt auch bei dieser Therapie Schmerz- und Beschwerdefreiheit ein.

Die Hypnosetherapie

In einem weiteren sehr eindrucksvollen Experimental-Vortrag des Heilpraktikers Karl Reichenbecher gelangte ich auch in dieser Therapie zu bedeutenden Erkenntnissen, die bisher noch nicht bekannt sein dürften.

Herr Reichenbecher hatte zur Hypnoseanwendung eine jugendliche Dame namens Tanja mitgebracht, die eine Patientin von ihm ist. An ihr sowie an Herrn Reichenbecher konnte ich vor der Hypnose keine auffallende Astralstrahlung feststellen, jedoch schon wenige Sekunden nach dem Beginn der Hypnose wuchs die Astralstrahlung Tanjas auf neun Meter an. Nachdem sie sodann von der Sitzstellung in die Liegestellung gebracht wurde, nahm die Astralstrahlung allmählich wieder ab bis auf nahezu einen Meter. Als ihr der Therapeut in einem ruhigen Tonfall zuredete, daß ihr Körper und alle Muskeln wunderbar durchblutet werden, stieg die Astralstrahlung sofort wieder bis auf neun Meter an.

In der nun folgenden Katalepsie, d.h. Muskelstarre hielt diese Durchblutung und Astralstrahlung an. So konnte man ihren Körper der lediglich am Kopf und den Füßen auflag, sogar stark belasten, wobei die Muskeln elastisch federten.

Lassen Sie mich nun den Sachverhalt verdeutlichen. Tanja ist bei vollem Bewußtsein nicht fähig, die Astralstrahlen mental aufzunehmen. Wenn sie jedoch in der Hypnose dazu fähig ist, kann es als Beweis dafür gelten, daß der Mensch im Unterbewußtsein die Technik des Astralstrahleneinholens beherrscht. Hätte ich an Herrn Reichenbecher ebenso eine signifikante Astralstrahlung festgestellt, so könnte man von einer Übertragung ausgehen, was aber nicht der Fall war.

Die völlige Gefühl- und Schmerzlosigkeit bei der Hypnose ist demnach darauf zurückzuführen, daß die Nervenbahnen, unterstützt von den Gestirnstrahlen, nur einen Einbahnverkehr vom Gehirn zum Körper zulassen, d.h. die Schmerzmeldung vom Körper gelangt nicht zum Gehirn hin.

Später berichte ich über das „Golden Black-Duo“, das sich durch Selbsthypnose in eine ähnliche Katalepsie versetzt, d.h. die Nerventransmitter nur in Richtung Kopf-Körper wirken läßt, wobei ebenfalls die Gestirnstrahlen von größter Bedeutung sind.

Aus beiden Fällen läßt sich ableiten, daß das Unterbewußtsein eine stärkere Bindung zum Überirdischen hat als das Bewußtsein. Dies mag auch der Grund sein, daß man beim mentalen Arbeiten das Bewußtsein, d.h.

das eigene Empfinden und Bewerten abschalten, alle irdischen Reize und den eigenen Willen unterdrücken, und sich wie auf einer Reise geistig in eine andere Welt, wo man selbst nichts bestimmen, sondern nur erfahren kann.

Der Therapeut gibt demnach keine Befehle, sondern alles was er anstrebt, schildert er dem Patienten als ein schon existierender Zustand, woraufhin sodann der Patient den vorgetäuschten Zustand realisiert, d.h. nachvollzieht.

Nun glaube ich, daß man hier zwei verschiedene Hypnoseziele grundsätzlich unterscheiden muß.

Will man z.B. eine Krankheit mit psychosomatischen, d.h. seelisch-körperlicher Ursache behandeln, d.h. die Rückwirkung eines unverarbeiteten negativen Erlebnisses auf die körperliche Gesundheit beseitigen, so bietet die Hypnose die Möglichkeit, dieses Erlebnis aufzuspüren und vom Unterbewußtsein ins Bewußtsein zurückzuholen, damit es anschließend verarbeitet werden kann. Hier könnte unter Umständen eine einzige Sitzung notwendig sein. Beabsichtigt man jedoch körperliche Blockaden abzubauen, d.h. eine permanente Gestirnstrahlendurchflutung des Körpers und vor allem der ehemaligen Blockadestellen herbeizuführen, so sind hierzu mehrere Behandlungen erforderlich, da der Körper anfangs die aufgenommenen Gestirnstrahlen wieder schnell abbaut. Dies ist darauf zurückzuführen, daß beim Vorliegen einer Blokkade auch der restliche Körper in der Regel mit Gestirnstrahlen unterversorgt ist. Für die Wirkung dieser Behandlungen ist es darüber hinaus sehr wichtig, daß dem Körper schon vor der Hypnose die erforderlichen Heil- und Aufbaustoffe verabreicht werden, damit dieselben vom Blut an die bedürftigen Stellen herangebracht werden können.

Die Hypnosetherapie bietet die Möglichkeit, nicht nur ganzkörperlich, sondern auch speziell auf bestimmte Körperstellen bzw. Organe einzuwirken, was nicht bei allen unseren herkömmlichen Therapien der Fall ist. Insofern muß man sie als positiv bewerten.

Natürlich muß man einräumen, daß der Erfolg einer Hypnosetherapie wesentlich von der Qualifikation und Erfahrung des Therapeuten abhängig ist, was jedoch leider nicht allzuhäufig anzutreffen ist. Grundsätzlich sollte man sich nicht für Sensationsdemonstrationen auf diesem Gebiet hergeben, denn hierbei kann viel angerichtet werden.

Bevor man die Narkosemittel kannte, wurden bereits unter Hypnose schmerzlose Operationen durchgeführt, doch hin und wieder wurde diese Schmerzlosigkeit durch Empfindung kurzfristig unterbrochen. Derartige Störungen bedeuten eine Unterbrechung des oben beschriebenen Einbahnverkehrs. So konnte ich feststellen, daß beim Wegspiegeln der Gestirnstrahlen auch sofort die körperliche Astralstrahlung fehlt, daher nehme ich an, daß bei einem ungestörten Gestirnstrahleneinfall auch keine Störung in der Empfindungslosigkeit auftreten dürfte.

Eine Therapie aus China

Die chinesischen Reisbauern legen sich nach getaner Arbeit flach auf den Boden und lassen ihre Kinder über ihren Rücken laufen, was sie aus gesundheitlichen Gründen bzw. zur Schmerzlinderung tun. Selbst wenn man den durch das Körpergewicht belasteten Kinderfüßen eine gewisse Massagewirkung unterstellt, so wird man doch die Hauptwirkung auf die Abführung der Erdstrahlen zurückführen müssen, welche bei der Arbeit im Wasser in dem nahezu waagrechten Oberkörper gespeichert wurden. Die Kinder wirken hierbei wie aufgesetzte Antennen, welche durch die Verschiebung über jeder Körperstelle alle Aufladungen beseitigen. Ich selbst hatte einmal ca. zwei Stunden lang Efeuranken aus meinem Rasen entfernt, wobei mein Oberkörper über das Efeu gebeugt war. Efeu ist eine starke Erdstrahlenpflanze. Hierbei verspürte ich einen zunehmenden Hustenreiz sowie Schmerzen im Rücken. Hier lag die gleiche Situation wie bei den chinesischen Reisbauern vor.

Um auf die chinesischen Reisbauern zurückzukommen. In solchen Fällen bei denen sich durch falsches Bücken die Rückenwirbel mit den Bandscheiben verschoben haben, ist sogar ein Einrenken, ähnlich unserer chiropraktischen Behandlung, durch die belasteten Kinderfüße möglich.

Die chiropraktische Behandlung

In seltenen Fällen wird durch die Anwendung der Gestirnstrahlentherapien nicht der volle Erfolg erzielt, d. h. die erwartete völlige Schmerzfreiheit tritt nicht ein, sondern lediglich eine Schmerzlinderung.

In fast allen derartigen Fällen ist der Energiefluß in der Wirbelsäule durch Verschiebung gestört, sodaß die Nervenbahn hierdurch tangiert wird. Hiermit können auch Schmerzen auf der Körpervorderseite zurückzuführen sein, wenn nämlich der betreffende an der Wirbelsäule austretende Nerv gestört ist.

Die Störstelle an der Wirbelsäule läßt sich mit der Fernrute oder mit der Diagnoseschleife leicht auffinden. Man kann die Störstelle durch stichförmiges Auftragen meiner Creme überbrücken, sowie bei Bedarf zuzüglich einen waagrechten Strich in der gleichen Höhe der Störstelle auf der Körpervorderseite auftragen, sodaß Schmerzfreiheit eintritt, doch sollte sich der Patient dringend einer chiropraktischen Behandlung unterziehen, bevor weitere Schäden eintreten.

Übrigens, bei einem Schleudertrauma im Halswirbelbereich, z.B. nach einem Unfall kann der ähnliche Sachverhalt vorliegen wie bei einer Blokkade durch Erdstrahlen. Der tangierte Nerv löst eine Verkrampfung aus, welche eine Durchblutungsstörung zur Folge hat.

Hierdurch entsteht eine Unterversorgung der Zellen bei der nachfolgenden Regeneration sowie eine Ablagerung von Schlackenstoffen, sodaß ganz allmählich, oft erst nach Wochen oder Monaten Schmerzen auftreten, welche sich dann aber ins nahezu Unerträgliche steigern, und die mannigfaltigsten Nebenerscheinungen wie Lichtempfindlichkeit, Sprachstörungen etc. nach sich ziehen können.

In jedem Falle müssen dem Körper nach der Einleitung und Absicherung einer ungestörten Gestirnstrahlendurchflutung die zur Heilung erforderlichen Vitamine, Mineralien, Spurenelemente und speziellen Aufbaustoffe zugeführt werden.

Gelegentlich können zum völligen Wohlbefinden weitere Behandlungen, d.h. Therapien mit anderen Zielsetzungen erforderlich sein wie z.B. beim Vorliegen einer Übersäuerung im Verdauungsapparat oder bei Candida (Hefepilzbefall), was z.B. häufig nach einer Antibiotika, d.h. Penicillinbehandlung oder auch bei Diabetes auftritt, wobei nicht selten zuzüglich auch die Darmflora zerstört wird.

Die Organtransplantation

Lassen Sie mich hier noch über ein Gebiet berichten, das für die Medizin von großer Bedeutung ist. Bei Organtransplantationen verpflanzt man häufig ein Spenderorgan in eine Körperstelle ein, an der das Originalorgan zerstört wurde. Es entspricht der gleichen Situation, wenn man eine Jungpflanze am gleichen Platz nachsetzt, an der zuvor sogar eine ausgewachsene Pflanze eingegangen ist, ohne vorher die Ursache der Zerstörung beseitigt zu haben. Derartige Organtransplantationen nutzen dem Patienten so viel wie nichts, wenn nicht vor der Transplantation die Erdstrahlenblockade beseitigt und eine ungestörte Durchflutung der betreffenden Körperstelle mit Gestirnstrahlen garantiert ist. Bei Beachtung dieser Erkenntnis, die sich an vielen Fällen nachweisen läßt, könnten die Risiken bei Transplantationen verringert, und viele Spenderorgane eingespart werden, aber was noch wichtiger ist, es wären genügend Organe vorhanden, sodaß die Wartezeiten entfallen würden. Wenn man aber den Grundsatz beachtet, daß Vorbeugen besser als Heilen ist, so lassen sich unzählige Organtransplantationen durch rechtzeitige Hausentstörung und den Aufbau einer ungestörten Gestirnstrahlendurchflutung in Verbindung mit der Verabreichung entsprechender Aufbaustoffe zur Regeneration sogar in den meisten Fällen erübrigen.

Bei kritischer Betrachung aller **Verfahren zur Beseitigung von Erdstrahlenblockaden** muß man denen den Vorzug geben, die die Erdstrahlen möglichst weit entfernen, sodaß eine **Rückwanderung zum Körper nicht möglich ist.** Hiernach sind meine **Softentladung** und vor allem meine **Körperexplosion** am besten geeigent, denn bei letzterer werden die Strahlen fern zu den Sternen gesandt.

Bei den **Verfahren zur Durchflutung des Körpers mit Gestirnstrahlen** haben sich meine speziell entwickelten Gestirnstrahlentherapien als die mit der stärksten Wirkung herausgestellt, denn sie wurden nicht empirisch oder durch Zufall gefunden, sondern systematisch mit diesem Ziel entwickelt, nachdem ich festgestellt hatte, daß **zu jeder Heilung die ungestörte Gestirnstrahlendurchflutung des Körpers eine unverzichtbare Voraussetzung** ist. **Jede Schmerzbeseitigung und jede Heilung basiert auf den gleichen Wirkmechanismen, nämlich der Beseitigung der Erdstrahlenblockaden und der Durchflutung mit Gestirnstrahlen.** Somit ist der **gemeinsame Wirkfaktor aller Heilungsprozesse die Gestirnstrahlendurchflutung**, welche die **Erdstrahlenblokkaden beseitigt**, eine **sekundenschnelle Schmerzfreiheit**, die **Lösung von Verkrampfungen**, und somit eine **ungestörte Blutzirkulation bewirkt. Auf diese Erkenntnis erhebe ich Prioritätsanspruch für meine Person.**

Diagnoseverfahren

Was die im Heilwesen **angewandten Diagnoseverfahren** betrifft, so konnte ich feststellen, daß auch hier in vielen Verfahren die Störungen in der Gestirnstrahlendurchflutung aufgezeigt bzw. gemessen werden. Dies trifft zu bei den sogenannten Bluttestverfahren, Hautwiderstandsmessungen, d.h. durch die EAP-Messung an Akupunkturpunkten nach Voll, der Kirlian Hochfrequenzfotografie, der Augendiagnose etc. Zur letzteren noch eine Ergänzung.

Die feinen, radial angeordneten Nervenfasern der Iris sind mit dem dünnen Sicherungsfaden unserer Lichtleitung zu vergleichen. Bei einer Überbelastung im Lichtnetz erwärmt sich der dünne Drahtfaden, wobei er sich ausdehnt und schließlich durchschmilzt. Bei einer Energieblokkade im Körper dehnt sich ebenso der betreffende Nerv im Bereich der Iris, d.h. er weicht von der kürzesten, geraden Verbindung zur Seite ab, wobei der jeweilige Untergrund sichtbar wird (Lagune oder Krypte). Die Stärke der Blockade läßt sich mit meiner Rute nicht nur direkt an der betreffenden Körperstelle, sondern ebenso an der Iris bzw. an einem Vergrößerungsfoto davon messen.

Die gleichen Ergebnisse der anderen Diagnoseverfahren lassen sich mit Hilfe meiner Fernrute bzw. Diagnoseschleife ermitteln, denn auch mit ihnen lassen sich mühelos und ohne großen Aufwand alle Störungen des Energieflusses am Körper auffinden.

Mit diesen Geräten ist es sogar möglich, über Telefon und auch via Satellit den Sitz eines erbsengroßen Tumors, z.B. eines Hirntumors präzise zu orten. Ferner läßt sich mit meiner Meisterrute auch eine Übersäuerung, d.h. strahlentoter Raum am Körper feststellen. In diesem Falle driften die Rutenspitzen auseinander. So konnte ich kürzlich an einem Zeitungsbild von zwei Geschwistern aus London, welche am Ratten's Syndrom, einer unheilbaren Muskulaturkrankheit leiden, eine Übersäuerung feststellen, welche durch fünf Linkskreise in eine Positivstrahlung von ca. 10 m umzuwandeln war. Auch hier könnten meine Therapien eine Hilfe bieten, denn den Kindern droht nach geistigem Verfall und Blindheit im Alter von sieben Jahren der Tod.

Ebenso konnte ich mit meiner Rute feststellen, daß schmerzhafte, gerötete und angeschwollene Entzündungen sowie auch Gicht durch Gestirnstrahlenblockaden ausgelöst werden. Bekanntlich wird in diesen

Fällen eine Hochlagerung empfohlen, was als Linderung empfunden wird. Der Grund hierzu liegt aber darin, daß das hochgelagerte Körperteil, sei es nun ein Bein oder Arm, weniger von Gestirnstrahlen durchflutet wird, da die Strahlen immer den günstigeren Weg nach unten nehmen.

Das Immun- und Abwehrsystem, das die Antikörper bildet, wird vom Sympathikus beeinflußt, welcher wiederum von den Gestirnstrahlen abhängig ist.

Mit meiner Discustherapie an den Füßen kann man in wenigen Sekunden die Strahlenaufnahme neutralisieren, sodaß eine deutliche Schmerzlinderung eintritt.

Erlauben Sie an dieser Stelle noch eine weitere Deutung. Empirisch hat man herausgefunden, daß man bei Babys und Kleinkindern durch Einführen eines Thermometers eine Stuhlentleerung herbeiführen kann. Nun, die mit Quecksilber gefüllte Spitze hat eine äußerst stark anziehende Wirkung auf Strahlen. So werden nicht nur die eventuell blockierenden Erdstrahlen, sondern auch anschließend ständig Gestirnstrahlen zum After hingezogen, sodaß durch den Reiz eine Aktivierung eintritt.

Früher waren Fieberthermometer in Metallhülsen untergebracht, heute dagegen in Plastikhüllen. Bei Lagerung in der Nähe des Bettplatzes können durch Quecksilberthermometer Schlafstörungen bewirkt werden. Es empfiehlt sich daher ein Einschlagen in Alufolie sowie Entfernung aus der Nähe des Schlafplatzes. Durch Quecksilber unterhalb des Bettes werden dem Körper permanent sämtliche Gestirnstrahlen entzogen, was schwerwiegende Gesundheitsstörungen auslösen kann. Bringt man nur eine stecknadelkopfgroße Quecksilberkugel ca. eine Sekunde über den Kopf, so kann man durch einfaches Hinschauen sogar entfernte Erdstrahlenfelder, aber auch körperliche Erdstrahlenherde verdrängen, worauf im letzteren Falle sogar eine Schmerzlinderung eintritt – „Der schmerzlindernde Blick".

Derartig starke Aufladungen sind allerdings nicht ungefährlich und sollten baldigst wieder an den Füßen abgezogen werden.

Übrigens, vor der Entdeckung des Penicillins wurde die Syphilis wirksam mit Quecksilber-Salvsan-Injektionen bekämpft. Auch hier muß man die bakterientötende Wirkung der überaus starken Gestirnstrahlenaufnahme des Quecksilbers zuschreiben. Ich nehme an, daß man die gefährlichen Kobaltbestrahlungen bei bösartigen Tumoren wesentlich problemloser durch gezieltes Aufsetzen von Quecksilbersäulen (Thermometer) ersetzen könnten. Auch stellen derartige Bestrahlungen keine Dauerbelastung des Gesamtkörpers dar, da sie wiederum mit Quecksilber an den Füßen abgezogen werden können.

Ich hoffe, daß die Forschung an den Kliniken auch diese Anregung aufgreifen wird, sodaß die Menschheit von den Folgeerscheinungen nach Kobaltbestrahlungen zukünftig verschont bleibt.

Strahlenverdrängende Mittel

Wie ich schon in meinem Buch „Die perfekte Hausentstörung" schreibe, haben stark konzentrierte Säuren und Laugen sowie konzentrierter Alkohol eine strahlenverdrängende Wirkung, d.h. sie schaffen strahlentote Räume. So gilt als altes Hausmittel die Einreibung mit Franzbranntwein z.B. bei Schmerzen in den Gelenken, welche demnach durch eine Erdstrahlenblockade verursacht werden. Bevor man die Betäubungsmittel kannte, verabreichte man den Patienten vor Operationen wie z.B. bei Amputationen oder Beseitigung von Projektilen größere Mengen von konzentrierten Alkohol, wie man dies noch häufig in Westernfilmen sieht.

Wie aber schon berichtet, verdrängen diese Mittel nicht nur die Erdstrahlen sondern auch die Gestirnstrahlen, was auf Dauer schädlich ist. In der Homöopathie benutzt man zur Ausschlämmung von pränatalen, d.h. vor der Geburt übernommenen, sowie der durch Nahrungsmittel, Amalgam und Luftverunreinigungen durch Insektizide und Pestizide etc. im Leben aufgenommenen Schadstoffe sogenannte Nosoden, in denen Spuren der auszuschlämmenden Gifte enthalten sind. (Gleiches wird mit Gleichem bekämpft, Ähnliches mit Ähnlichem.)

Bei Untersuchungen an Nosoden konnte ich ebenfalls eine starke strahlenverdrängende Wirkung feststellen. Ich nehme an, daß sich die verabreichten Nosodengifte mit den im Körper gespeicherten verbinden, oder ihre Eigenschaft auf diese übertragen, sodaß sie der Körper abstößt und ausleitet. Auch hier könnte es sein, daß die Rezeptoren, d.h. die Pförtner der Organzellen, welche hierbei durchwandert werden, eine Aufnahme der Giftstoffe wegen ihrer Eigenschaft verhindern.

Im Experiment konnte ich feststellen, daß ein einziger Nosodentropfen, den man z.B. an irgendeiner Stelle auf die Haut aufbringt, eine ungeheure Wirkung hat. So ist die betreffende Person in der Lage, Erdstrahlenfelder auf ca. 20 m abzudrängen oder durch einfaches Hinschauen kilometerweit entfernte Erdstrahlenfelder zu verdrängen. Da sie gleichsam auch die lebensnotwendigen Gestirnstrahlen verdrängen, sollten die betreffenden Personen z. Zt. der Anwendung möglichst isoliert bleiben, was vor allem für die Nachtzeit gilt. Auch sollte niemand in Fußrichtung der betreffenden Person schlafen, und möglichst nicht darunter, sondern eher darüber.

Die Nosoden sind entweder in Alufolie einzuwickeln oder in einem Edelstahltopf zu lagern.

Aufgrund ihrer strahlenverdrängenden Eigenschaft könnte ich mir denken, daß dieses Mittel bei Gicht und heißen Entzündungen eine positive Wirkung haben könnte, was zu erproben wäre.

Auch die **Clement-Urin-Extrakt-Therapie** (CUX-Therapie) basiert auf der strahlenverdrängenden, d. h. strahlentoten Eigenschaft der präparierten Giftstoffe im Urin, welche die im Körper vorhandenen gleichen Gifte ausleiten. Am Telefon konnte ich mehrere Urinextrakte des Heilpraktikers Oliver Schalles aus Bocholt untersuchen, nachdem ich seinen Vortrag beim Heilpraktikerkongreß in Karlsruhe besucht hatte.

Zivilisationskrankheiten

Hier sind Herz-Kreislauf- und Krebserkrankungen als die beiden Krankheiten mit der höchsten Sterberate zu benennen.

Krebs wird, meiner Ansicht nach, durch einen chemischen oder physikalischen Dauerreiz – immer an der gleichen Körperstelle – ausgelöst. Wenn man den Erfolg unserer Forschung auf diesem Gebiet nicht in Frage stellen will, so muß man davon ausgehen, daß die Erkrankungen infolge chemischer Ursachen und Faktoren zurückgegangen sind, denn in den vergangenen Jahren wurden bekanntlich auf dem Gebiet der Nahrungsmittel-, Konservierungs-, Pharma-, Kosmetik-, Werkstoff- und Baustoffindustrie etc. viele krebsfördernde Stoffe aus dem Verkehr gezogen. Trotzdem konnte man bis jetzt noch keinen Rückgang feststellen, was man vielleicht auf die langjährige Entwicklungszeit dieser Krankheit zurückführen kann, was aber auch auf der größeren Bedeutung bzw. einer Zunahme der physikalischen Dauerreize beruhen könnte. Jedenfalls dürfen die physikalischen Dauerreize, die nach meinen Erkenntnissen zur Auslösung von Krebs eine Schlüsselstellung einnehmen, nicht außer Acht gelassen werden. In bisher nahezu allen Fällen meiner Hausuntersuchungen konnte ich, wenn kein Standortwechsel vorlag, den Sitz bzw. das Krebszentrum des Körpers allein schon an der bestrahlten Bettstelle ermitteln. Dies sollte doch zu bedenken geben. Natürlich ist nicht nur der strahlenfreie Bettplatz wichtig, sondern auch der gesamte Wohnbereich mitsamt der Beseitigung aller Störfaktoren, die durch ständiges Einholen von Erdstrahlen in den Wohnbereich dazu beitragen, daß die körperlichen Erdstrahlenherde, die sich beim Liegen gebildet haben, beständig voll aufgeladen, d.h. nachgeladen werden. Über die Störfaktoren dieser Art berichte ich später unter „Volkstümliches Brauchtum". Das Kapitel „Störfaktoren" ist eines der Hauptthemen meines Buches „Die perfekte Hausentstörung".

Erlauben Sie, daß ich an dieser Stelle über 3 Krebsfälle berichte. In dem einen Fall war am Bett im Magenbereich ein starkes Erdstrahlenfeld.

Der Parasympathikus, der von Erdstrahlen angeregt wird, fördert die Magenbewegung und die Magensaftproduktion. Dies erklärt, daß bei Erdstrahleneinfluß zu viel Magensäure produziert wird. Diese aggressive Säure greift schließlich die durch Muzin, d.h. Schleim geschützte Mageninnenwände an, sodaß Magengeschwüre entstehen, die bei weiterem Reiz in Krebs ausarten können.

Ein Ehepaar hatte ein Erdstrahlenfeld unter dem gemeinsamen Ehebett. Die Frau starb nach 10 Jahren, der Mann lebt noch heute und hat nach der Hausentstörung alle Beschwerden verloren. Die Frau verbrachte täglich ca. 3–4 Stunden im privaten Hallenbad, in welchem durch den schrägen Boden im kritischen Winkelbereich starke Turbulenzen wirksam waren. Durch die starken Nachladungen der körperlichen Erdstrahlenherde könnte sich der Krebs, der sonst 20 bis 21 Jahre zu seiner Entwicklung benötigt, in der halben Zeit bilden und entwickeln.

Ein zwölfjähriger Junge mußte wegen Krebs an der rechten Bauchseite operiert werden. Bei der Hausentstörung stellte ich an der gesamten rechten Körperseite des Bettes Erdstrahlen der gleichen Stärke fest. Als ich in seinem Zimmer mehrere Urkunden des Tischtennissportes entdeckte, ließ ich ihn seine Grundausgangsstellung beim Spiel demonstrieren. Hierbei hatte er die Hand genau auf der Krebsstelle. Die rechte Hand, die durch die Querbewegung beim Spiel Erdstrahlen aufnahm, übertrug demnach diese Ladungen permanent an diese Körperstelle. Bisher war in jedem Falle die Ursache von Krebs eindeutig zu klären.

Nun zu einem anderen Problem unserer Zeit.

In letzter Zeit findet man fast in jedem Haus, vor allem in den Räumen Jugendlicher, Strahlerbirnen, sog. Spotlights, wie man sie schon vor einigen Jahren in den Auslagen der Schmuckgeschäfte antraf. Diese sind äußerst gesundheitsschädlich, da sie die schützende Astralstrahlenhülle beseitigen, und hierdurch für die Erdstrahlen ungenierten Zutritt schaffen.

Vor einigen Tagen berichtete die Presse, daß 40% der Schulpflichtigen regelmäßig Schmerztabletten gegen Kopfschmerzen einnehmen. Dies sind die ersten Anzeichen. Ein weiteres bewirken die Elektrogeräte, vor allem Mikrowwellenherde, Heizgeräte, Trafos, Dimmer bis hin zum Walkman. Es sind die Errungenschaften unserer Zivilisation, die sich jedoch mit einem Terradex-Lichtnetzentstörer von Dr. Schulte-Uebbing, München, entstören lassen. Was hier gesagt wurde, gilt selbstverständlich auch für die Herz-Kreislauferkrankungen, auf die ich ebenfalls später nochmals zu sprechen komme. Bei Herz-Kreislauferkrankungen spielen aber neben den Strahlen noch andere Faktoren eine bedeutende Rolle, sodaß man aus Erfahrung hierfür regelrecht Risikofaktoren zusammengestellt hat. Messer und Gabel sind hiernach die meist verwendeten Tötungswaffen unserer Zivilisation.

Was passiert eigentlich bei einem Herzinfarkt? Nun, wir haben einen großen Kreislauf, auch Körperkreislauf genannt, der unterhalb des Herzens liegt. In ihm wird linksseitig in der Arterie sauerstoffreiches Blut nach unten gepumpt, das hierbei Nahrungsstoffe aufnimmt. Das dunkle, kohlensäurehaltige und ballastführende Blut wird in einer Vene rechtsseitig wieder zum Herzen geführt, das sodann im kleinen Kreislauf, auch Lungenkreislauf genannt, linksseitig in der Arterie zum Gasaustausch zur Lunge gepumpt und schließlich rechtsseitig als sauerstoffreiches Blut in der Vene wieder dem Herzen zugeführt wird. Die im Vergleich zu den Venen dickwandigen Arterien müssen elastisch sein, denn die Pumpstöße pflanzen sich in ihnen fort, wie zum Beispiel ein verschlungenes Kaninchen eine Schlange durchwandert, allerdings mit größerer Geschwindigkeit. Bei Überschreitung des erforderlichen Kalorienbedarfs, was auf Überernährung bzw. Bewegungsarmut zurückzuführen ist, lagert sich Depotfett unter der Haut zwischen den Muskeln und um die Organe an, wodurch der Blutdruck erhöht wird. Aber auch an der Gefäßinnenwand der Arterie (Schlagader) setzt sich unverbrauchtes Fett ab, in welchem sich schließlich Mineralien wie Kalk ablagern (Arteriosklerose). Bei der Nahrung muß man 3 verschiedene Fette unterscheiden, die sich recht unterschiedlich auswirken.

Die tierischen Fette, die sogar im warmen Tierkörper fest sind – was man beim Schlachten feststellen kann – sind sehr gefährlich, da sie auch in den Arterien sehr fest und starr werden. Man bezeichnet diese Fette als gesättigte Fette.

Die mono-ungesättigten Fette, die man aus Oliven, Kokos- oder Erdnüssen gewinnt, sollte man ebenso meiden, so auch Margarineprodukte aus ihren Bestandteilen. Man erkennt sie an der Konsistenz, denn sie sind bei Zimmertemperatur fester als andere.

Schließlich haben wir die poly-ungesättigten Fette, die aus Sonnenblumen, Sojabohnen etc. gewonnen werden. Sie sind bei Zimmertemperatur weich und haben sogar eine positive Wirkung, indem sie die angelagerten ungesättigten Fette z.T. wieder etwas abbauen. Das natürliche Tocopherol, d.h. Vitamin E wird aus der Sojabohne gewonnen.

Durch die Anlagerung von Fett und Kalk wird der Querschnitt eingeengt und die erforderliche Elastizität der Arterie eingeschränkt, sodaß es bei dem hierdurch bedingten **erhöhten Blutdruck** zu einem kleinen Riß kommen kann, den die Thrombozyten abdichten. Hierbei entsteht ein Engpaß, der sich schließlich völlig verschließen kann, man spricht dann von einer Embolie. Dasselbe kann durch ein Stück verkalkter Gefäßwand erfolgen, das sich abgelöst hat. Durch den Verschluß wird die Blutversorgung abgeschnitten, was schließlich zum Absterben der Zellen führt. Hier wird deutlich, daß der Kalk, der eigentlich zur Regeneration an den Knochen benötigt wird, beim Vorliegen von Erdstrahlenblockaden (bei Rheuma, Osteoporose etc.) wegen der Durchblutungsstörungen nicht an die Bedarfsstellen hingelangt und demnach im Hauptkreislauf bleibt, wie ich schon oben berichtet habe.

In einzelnen Fällen läßt sich der Blutdruck durch Nahrungseinschränkung (f.d.H.), Meidung von Fett, Alkohol und Nikotin und Vermeidung von Streß senken, ähnlich einem Feuer, dem man weniger Brennmaterial zuführt, doch ist Bluthochdruck in den meisten Fällen auf eine Erdstrahleneinwirkung zurückzuführen. So hatte mir ein Arzt aus Regensburg, mit dem ich eng zusammenarbeite, berichtet, daß ein junger Mann mit einem Blutdruck von 240/130 in seiner Praxis erschien. Nach

Verabreichung meiner Torsionstherapie von ca. zehn Sekunden war der Blutdruck wieder normal.

Auch bei anderen Herzkrankheiten liegt der Grund häufig im Bluthochdruck. So können an den Taschenklappen oder Segelklappen, die die Herzkammern wie Ventile beim Pumpvorgang verschließen, durch ständigen Überdruck Schäden entstehen, sodaß diese nicht mehr richtig schließen und das Blut zurückfließt bzw. sogar pendelt. Man muß sich hierbei einmal klar machen, daß ein Herz innerhalb 24 Stunden ca. 1000 Liter, d.h. 1 m^3 Blut pumpt. In einem Jahr ist dies die Menge von ca. 365.000 Liter = 365 m^3, dies entspricht dem Volumen von drei dreistökkigen Häusern von 10 x 10 m Grundfläche und einer Höhe von 12 m, wie ich ausgerechnet habe. Bei dieser Pumpleistung wird deutlich, welche Auswirkungen undichte Klappen haben können.

Ferner können durch rheumatisches Fieber und Antikörper am Herz Schäden entstehen. Die Ursache für Rheuma sind wiederum die Erdstrahlenblockaden, wie ich an vielen Fällen feststellen konnte.

Wenn wir bedenken, daß die Pumptätigkeit des Herzens durch einen schwachelektrischen Impuls, der vom Sinusknoten als Schrittmacher ausgeht, und durch Gestirnstrahlen über den Sympathikus verstärkt wird, so ist es nur allzu logisch, daß durch Erdstrahlen Rhythmusstörungen hervorgerufen werden können. Die Störungen hierbei können im Gehirn, auf dem Weg vom Gehirn zum Sinusknoten, oder auch direkt am Herzen erfolgen. Diese Störungen durch Strahlen können sowohl das Aussetzen einzelner Schläge, als auch unrhythmische Zwischenschläge bis hin zum Herzflimmern sein. Ich habe an mir selbst entsprechende Versuche im Liegen vorgenommen und konnte, obwohl ich keine Herzkrankheit habe, durch Anordnung von Erdstrahlen-Störfaktoren, aber auch von Gestirnstrahlenfaktoren, je nachdem ob am Kopf- oder am Fußende des Bettes unterschiedliche Rhythmusstörungen feststellen, die sofort einen Einfluß auf den Blutdruck hatten. Später berichte ich über einen solchen Fall. Nahezu jedes Ereignis hat einen Grund und einen Anlaß. So sind zum Beispiel bei einem Unfall die abgefahrenen Reifen als Dauerzustand der Grund, während die besondere Verkehrssituation als kurzzeitiger Faktor den Anlaß liefert. Nehmen wir an, daß der Grund zu einem Herz-Kreislauftod die Hypertonie, d.h. der Bluthochdruck ist, so kann der Anlaß, d.h. der Auslösefaktor sehr verschieden sein. Lassen Sie mich nur einige Fälle anführen, denn im Totenschein wird nur die Auswirkung aufgeführt und so bleiben Grund und Anlaß in der Regel unbekannt.

1. Beim Duschen. Hier geht die gesamte körperliche Erdstrahlenladung entgegen der Richtung des Gehirnimpulses zum Sinusknoten bzw. Herzschrittmacher an der Herzgegend vorbei nach oben, wobei die plötzliche entladende Wirkung durch die nach oben gerichteten Hände (Richtsender) noch verstärkt wird.

2. Beim Tennisspiel (mehrere Fälle). Hier haben wir einmal die körperliche Anstrengung, zum anderen bildet sich durch die ständige Querbewegung im Schlagarm beginnend eine Erdstrahlenaufladung, worauf der Tennisarm zurückzuführen ist. Diese negative Aufladung breitet sich schließlich auf den gesamten Körper aus.

3. Im Bett. Sind am unteren Fußende des Bettes starke Gestirnstrahlenfaktoren plaziert, wie z.B. positive Blumen, Edelsteine, Bilder von Gestirnstrahlenmenschen, Weihwasser o.dgl., so breiten sich von diesen starke Gestirnstrahlen aus, welche die Gehirnimpulse zum Sinusknoten bzw. Herzschrittmacher zurückdrängen. Herzrhythmusstörungen und weiterer Anstieg des Blutdruckes sind die Folgen. Bei Vollmond ist diese Wirkung wesentlich stärker als sonst.

4. Bei Föhn. Föhn ist ein Fallwind, der ursprünglich als aufsteigender Wind starke Erdstrahlen aufgenommen hat, welche er mit sich führt. Diese im Wind mitgeführten Strahlen bringen das vegetative Nervensystem in Unordnung, sodaß der Herzrhythmus durch unrhythmische Zwischenschläge gestört wird und der Blutdruck steigt.

5. Bei Smog ist die geschlossene Wolkendecke, welche feinste strahlenspeichernde Stoffe wie Kohlenstoff etc. enthält, stark mit Erdstrahlen aufgeladen, sodaß der anregende Gestirnstrahleneinfluß fehlt und Herzschläge aussetzen.

6. Unzählige Fälle an den Feiertagen. Hier fallen so viele Auslösefaktoren zusammen, sodaß es unmöglich ist, einen Schwerpunkt zu setzen. Übermäßige, fette und gesalzene Fleischmahlzeiten, übermäßiger Alkoholgenuß, Süßigkeiten, evtl. noch Rauchen und dazu eine mehrtätige Bewegungsarmut sowie waagrechte Körperlage, bei der der Körper keine Antennenwirkung hat. An den Osterfeiertagen gesellen sich hierzu noch gekochte Eier, die stark cholesterinhaltig sind, und an Weihnachten die negativen Strahlen, die durch den Weihnachtsbaum und den Baumschmuck eingeholt werden. Brauchen wir uns da noch zu

wundern, wenn nach den Feiertagen die Todesanzeigen ganze Zeitungsseiten füllen? Auch die neueste Feststellung, daß sich sonntags in den beiden ersten Stunden nach dem Aufstehen die meisten Herzinfarkte ereignen, deckt sich mit meinen Erkenntnissen.

Lassen Sie mich zu diesem Thema noch auf eine Situation hinweisen, die sich durch die Zivilisation verändert hat, sodaß ein bedeutender Entstörfaktor früherer Zeiten weggefallen ist.

Früher hatte man im Dorf einen Brunnen, an dem auch die Tiere getränkt wurden. Nach getaner Arbeit war er Treffpunkt für Jung und Alt, was man heute noch in Volksliedern besingt. In Städten hatte man irgendwo eine Zapfstelle, die meistens im unteren Hausflur lag. So holte man das Wasser eimerweise in die Wohnung, wo es in der Regel im Küchenbereich aufgestellt wurde. Wassersäulen dieses Ausmaßes sind in der Lage, die Erdstrahlen anzuziehen, so auch der Schlafbereich im Endeffekt strahlenfrei wurde. Auch der Nachttopf, der neben dem Bett stand oder im Nachtschränkchen untergebracht war, hatte die gleiche positive Wirkung, indem die Bettfläche strahlenfrei wurde. Ich nenne ihn daher Nachttopfeffekt. Schließlich bringt die Technik eine Menge neuer Bestrahlungen durch Mikrowellen, Radar, Funktelefon etc., die den Menschen belasten. In jedem Haushalt hat man Elektrogeräte, die die Hausarbeit erleichtern bzw. abnehmen. In meinem Buch „Erdstrahlen und Gestirnstrahlen" sind meine diesbezüglichen Untersuchungsergebnisse in der Regel sogar mit Skizzen festgehalten, sodaß man sich den Zusammenhang von Ursache und Wirkung, d.h. von Strahlen und Schmerz erklären kann. Hiezu einige Beispiele: Der schmerzende Tennisarm beim Bügeln mit dem elektrischen Bügeleisen oder die Schlafstörungen bzw. Schmerzen im Bett, das durch einen Elektrowecker mit Digitalanzeige oder durch einen Radiowecker voll mit Erdstrahlen aufgeladen wird. Ich könnte hier mühelos hunderte Beispiele anführen.

Viele unserer Lebensmittel, die in den Kühltruhen der Geschäfte bereitgehalten werden, sind negativ aufgeladen und haben demzufolge einen gesundheitsschädigenden Effekt. Mit Hilfe meiner Discustherapie (Gottes Gestirnstrahlen) läßt sich die Negativladung in eine positive, gesundheitsförderliche Ladung umwandeln.

So bringen die Errungenschaften in Kultur und Technik Vorteile und Arbeitserleichterungen, Annehmlichkeiten und Luxus, aber auch Nachteile mit sich, wie wir sehen. Es gibt eben nichts Vollkommenes auf dieser Erde, seitdem Adam und Eva im Paradies von der Schlange verführt wurden, doch zur Schlange kommen wir später.

Die Zivilisationskrankheit **unserer Natur** ist das **Waldsterben**. Wie ich in meinem Buch „Die perfekte Hausentstörung“ schreibe, wirken die Blattadern und Nadeln der Bäume wie Antennen, die die technischen Strahlen wie Mikro, Radar, Funktelefon etc. aufnehmen, aber nicht verkraften können. Hinzu kommt der Umstand, daß durch Fluß- und Bachbegradigungen sowie Trockenlegung von Feuchtwiesen der Grundwasserspiegel gesunken ist. Auch wird sich der hohe Wasserverbrauch auf den Grundwasserspiegel negativ auswirken. Lassen Sie mich zum Schluß noch unsere Matratzen kritisch beurteilen. Früher schlief man auf Strohmatratzen, was sehr gut war. Die meisten unserer heutigen Matratzen enthalten Stahlfedern, daher als Federkernmatratzen bezeichnet. Diese Stahlfeldern können sich am gestörten Platz mit Erdstrahlen aufladen, die dann auf den Bettbenutzer übergehen. Naturlatexmatratzen sind besser, aber sehr teuer, nur schwitzt man leicht darauf, was als negativ zu bewerten ist, denn Feuchtigkeit begünstigt die Strahlenaufnahme. Am besten sind aufblasbare Gästebetten, d. h. Luftmatratzen. Störungen an Federkernmatratzen kann man durch einen Kompaß feststellen, den man darüber verschiebt.

Strahlenschäden vor der Geburt

In meinen Buch „Erdstrahlen und Gestirnstrahlen“ berichte ich, daß ich an Kindern mit Hasenscharten bzw. Wolfsrachen in dem betreffenden Gesichtsbereich eine starke Erdstrahlenaufladung feststellen konnte. Dementsprechend führe ich die Entstehung derartiger Kiefermißbildungen ebenfalls auf den Einfluß von Erdstrahlen zurück. Hier werden die Erdstrahlen durch den noch glatten Gaumen des Fetus regelrecht wie bei einem Hohlspiegel gebündelt reflektiert. Derartig gebündelte Strahlen haben eine verheerende Wirkung.

Erlauben Sie, daß ich Sie bei dieser Gelegenheit auf eine weitere später auftretende ähnliche Gefahr aufmerksam mache, die mit dem Schnuller zusammenhängt. So hat man Schnuller, die eine konkave Tellerscheibe haben, welche sich an die Kinderlippen anlegt. Hier entsteht eine gewisse Strahlenbündelung, die am Kindermund eine starke Erdstrahlenaufladung bewirkt, sodaß Kiefer und Zähne, und darüber hinaus der ganze Kopf geschädigt werden können.

Was Schäden an der Hüftpfanne anbelangt, so sollte man sich vergegenwärtigen, daß die Füße und Beine eines Fetus eine gewisse Antennenwirkung für Strahlen haben, die evtl. im Bettbereich der werdenden Mutter vorhanden sind. Da die Körperhaltung des Fetus aber nicht gerade, d.h. gestreckt ist, sammeln sich alle aufgenommenen Strahlen im Hüftgelenk. Auch ohne Bündelung vermögen derartige Erdstrahlen die feinen und weichen Knochen zu zerstören bzw. deren fehlerfreien Aufbau zu verhindern. Und ist einmal eine Aufladung mit Erdstrahlen angelegt, so lädt sich dieselbe immer wieder aus dem Umfeld mit Strahlen nach, auch wenn der Körper nach der Geburt gestreckt ist, d.h. die Hüfte von der Körperform her nicht mehr als Endstation für die Strahlen betrachtet werden kann.

Bei Tieren, z.B. bei Hunden ist dies anders, denn bei ihnen bleibt die Hüfte auch noch nach der Geburt die Endstation für die über die Hinterläufe aufgenommenen Erdstrahlen, da die Hinterbeine sowohl im Liegen als auch im Stehen in einem gewissen Winkel zum Rumpf stehen. Dies ist die Ursache für die Häufigkeit von HD bei Hunden, der allerdings die durch die Domestikation zurückzuführende verlorene Strahlenfühligkeit dieser Tiere zugrunde liegt. In der Wissenschaft ist es bekannt, daß man durch gezielte Bestrahlungen sogar die Gene manipulieren kann. Kürzlich wurde in den TV-Nachrichten über die genmanipulierte Maus der Harvard Universität berichtet. Leider konnte ich diese Maus wegen der kurzfristigen Einblendung am TV-Bild nicht untersuchen, so mußte ich mich in unzähligen Telefonaten um ein Foto bemühen, das mir schließlich von der Süddeutschen Zeitung zugesandt wurde. An dem Foto der Genmaus konnte ich eine Negativstrahlung von 5,30 m messen. Dieses Maß deckt sich mit meinen vorausgegangen Messungen, über die ich in meinem Buch „Gottes Gestirnstrahlen" berichte. An den Fotos aus dem Pschyrembel konnte ich bei Krebs die Negativstrahlung von 5,20 bis 5,80 m ermitteln.

Wenn demnach durch künstliche Strahlen, die wir Menschen erzeugen, Genmanipulationen möglich sind, so muß man sich fragen, wieso die Wissenschaft Veränderungen durch die Strahlen unseres Schöpfers ausschließt. Hält man sich für mächtiger als unser Herrgott?

Ich bin überzeugt, wären die Gestirnstrahlen, so auch die Erdstrahlen, Produkte unserer Wissenschaftler, so würde man um die Anerkennung dieser Strahlenexistenz nicht mehr streiten, und den betreffenden Wissenschaftlern hätte man längst den Nobelpreis verliehen.

Lassen Sie mich noch abschließend über einen Fall berichten, bei dem eine werdende Mutter mit dem Unterkörper in ihrem Bett genau über einem Erdstrahlenfeld lag. Die Entstörung des Hauses erfolgte im vierten Monat der Schwangerschaft. Bis dahin hatte die Frau im Unterkörper eine negative Aufladung von ca. 4,30 m und dementsprechend Beschwerden. Nach der Entstörung führte sie regelmäßig meine Gestirnstrahlentherapien durch, wie sie in meinem Buch „Gottes Gestirnstrahlen" beschrieben sind. Die Beschwerden ließen bald völlig nach. Sie bekam einen gesunden Jungen mit einer Astralstrahlung von 3,40 m. Sie ist überzeugt, daß sie bei einem weiteren Verbleib im strahlenungeschützten Bett weitere Beschwerden, vielleicht sogar eine Früh- oder Fehlgeburt erlitten hätte, und daß der Junge nicht so gesund und vital ausgefallen wäre.

Übrigens, bei den Wehrfähigkeitsuntersuchungen hat man festgestellt, daß die Häufigkeit unterschiedlicher Beinlängen und damit verbundener Hüftschrägstand stark zugenommen hat. Man hält dies für erblich bedingt. An Kinderfotos in Familienalben konnte ich in jedem Foto an den kürzeren Beinen starke Erdstrahlenblockaden messen. Wo die Durchblutung gestört ist, ist auch der Abtransport von Wachstums- und Aufbaustoffen gestört. Weniger Baustoffe bedeuten wie überall geringere Masse. Auch die Mukoviszidose hält man für erbbiologisch bedingt, was ich ebenfalls für falsch erachte, denn in allen Fällen läßt sich die starke Erdstrahlenaufladung häufig sogar des gesamten Körpers nachweisen. Auch bei Aids konnte ich an Fotos eine Aufladung von ca. 5 m feststellen. Über die Anweisung einer Entstörung und Gestirnstrahlendurchflutung konnte ich bei dieser Krankheit allerdings noch keine Erfahrung sammeln, da ich noch keinen Aidskranken-Fall hatte.

Ich bin überzeugt, daß viele Krankheiten, die man für ererbt hält, auf Strahleneinfluß zurückzuführen sind, wie es auch mit den Krankheiten unbekannter Ursache der Fall ist.

Licht und Leben

Die Sonne bedeutet Licht, Wärme und Stoffwechsel. Sie besorgt uns über die Nahrung unsereWachstums- und Lebensenergie, während Gestirnstrahlen allumfassend Leben bedeuten. Lassen Sie mich diese Feststellung näher belegen. Im heißen Klima, d.h. den Tropen und Subtropen ist die Reifung sowohl von Pflanzen als auch von Mensch und Tier schneller als vergleichsweise in kälteren Klimagebieten, was man auf den Einfluß des Sonnenlichtes zurückführen kann. Die Auswirkung des Lichtes auf den Stoffwechsel läßt sich an Lebewesen mit kürzerer Lebensdauer deutlich machen. Die Pflanze benötigt zu ihrem Stoffwechsel, d.h. zur Assimilation Licht, d.h. Sonnenenergie. In modernen Treibhäusern wird das Sonnenlicht sogar durch künstliches Licht ersetzt, um den Entwicklungsprozeß, d.h. den Reifungsprozeß wie z.B. die Blütenbildung bei Blumen zu beschleunigen. Will man den Alterungsprozeß an Pflanzen bzw. Früchten verzögern, wie z.B. bei Bananen, Kartoffeln etc., so benutzt man zur Lagerung dunkle, kühle Räume. Unsere Kühlschränke bedeuten die technische Umsetzung dieser Erkenntnis. Dieses kühle und dunkle Milieu schützt die Früchte auch weitgehend vor tierischem Befall. Legt man von zwei wurmstichigen Äpfeln einen ins Sonnenlicht und einen anderen in einen dunklen, kühlen Raum oder Kühlschrank, so frißt und entwickelt sich der Wurm im Sonnenlicht wesentlich schneller. Dasselbe trifft für alle Lebenwesen zu. Ein Teil unserer Tiere, die im Winter nicht in den warmen Süden ausweichen können und die wegen Nahrungsmangels verhungern würden, ziehen sich zum Winterschlaf zurück. Durch die kühle und dunkle Umgebung wird ihr Stoffwechsel reduziert, sodaß sie Monate von der gespeicherten Energie leben können. Reicht die gespeicherte Energie allerdings nicht aus, oder ist es zu warm, oder sind sie auch nur zeitweise dem Licht ausgesetzt, so bedeutet dies den sicheren Tod. In Afrika gibt es eine Kröte, die nur ans Tageslicht kommt, wenn es regnet, was dort jedoch innerhalb von ein oder zwei Jahren nur einmal für einige Tage zutrifft.

In mehreren tausend Metern Tiefe leben in unseren Meeren Tiere, die vom Licht der Sonne nie erreicht werden. Früher hatte man in den Bergwerken Pferde, die nie nach oben kamen. Sie erblindeten zwar, aber sie waren lebensfähig und leistungsfähig. Wie ist nun die Situation beim Menschen?

Der Mensch im heißen Klima erreicht die Fortpflanzungsreife wesentlich früher als der im kalten Klima, was bereits durch Mutation in die unterschiedlichen Menschenrassen eingegangen ist. Der Alterungsprozeß beim Menschen und auch die Lebenserwartung unterliegen den gleichen Gesetzmäßigkeiten.

Sieht man von der Gewöhnung ab, so verträgt der Mensch, wenn er sich nicht durch Kleidung schützen kann, nur einen geringen Temperaturbereich. Man kann z.B. beim Duschen feststellen, daß man jede geringste Abweichung von der eingestellten Wassertemperatur als unangenehm empfindet. Um die Raumtemperatur konstant zu halten, hat man in den USA Airconditioner, d.h. Klimaanlagen. Nun müßte man entsprechend der oben erwähnten Gesetzmäßigkeiten durch Kühlung der Raumluft den Alterungsprozeß verzögern können, was aber offensichtlich wegen eines negativen Begleiteffektes nicht der Fall ist. Durch künstliche Kühlung der Luft erreicht man eine Feuchtigkeitskondensierung, d.h. eine Austrocknung. An Speisen im Kühlschrank läßt sich kurzzeitig dieser negative Trocknungseffekt verdeutlichen. In der Holzindustrie kommt es sogar bewußt zur Anwendung beim künstlichen Trocknen des Holzes. Der gleiche Kühlschrankeffekt liegt demzufolge in den künstlich gekühlten Wohnungen vor, sodaß der Haut die erforderliche Feuchtigkeit entzogen wird. Diese fehlende Feuchtigkeit läßt sich auch durch Feuchtigkeitscremes nicht voll ersetzen. Da der prozentuale Wasseranteil im Körper bei Frauen um 10 % geringer ist als bei Männern, wirkt sich der Kühlschrankeffekt entsprechend stärker auf sie aus, d.h. sie altern schneller. In den USA wird dieser Kühlschrankeffekt noch durch weitere Umstände verstärkt. So hat man in der Regel Schiebefenster, an denen sich lediglich der untere Teil öffnen läßt. Die warme Luft ist bekanntlich leichter als kalte, folglich ist sie oberhalb der Fensteröffnungen und kann nicht entweichen. Aus diesem Grunde sind die Airconditioner permanent in Betrieb, selbst wenn die Außentemperatur, wie z.B. zur Nachtzeit, geringer als die in der Wohnung ist. Meistens werden die Fenster nie geöffnet, sodaß die Räume bei geschlossenen Jalousien sogar noch über Tag künstlich beleuchtet werden. Glühbirnen erzeugen Wärme, die wiederum künstlich gekühlt werden muß.

Kurz zusammengefaßt, ein unnützer Energieverbrauch, der zudem den Alterungsprozeß beschleunigt. Nun habe ich weiter festgestellt, daß jeder Elektromotor in Richtung der Antriebsachse gebündelte negative Erdstrahlen sendet. Je nachdem ob die Klimaanlage ein Radialgebläse oder Axialgebläse hat, werden die Menschen kontinuierlich von ihnen beschossen, zudem können die Jalousien bei einer gewissen Neigung im kritischen Winkelbereich zuzüglich starke Turbulenzen bewirken. Es wäre ratsam, die Wohnräume möglichst in dem unteren Geschoß, besser sogar im Souterraingeschoß, d.h. Halbkeller unterzubringen und Fenster einzubauen, die oben zu öffnen sind, bzw. unterhalb der Decke einen Exhaustor einzubauen. Zur Beleuchtung sollte man auf Neonlicht zurückgreifen, das keinen Wärmeeffekt und zudem bei gleicher Leuchtkraft einen geringeren Energieverbrauch hat. Schließlich läßt sich die Sonneneinwirkung durch Bäume mit dichten Blättern in entsprechender Himmelsrichtung zuzüglich bedeutend mindern.

Entschuldigen Sie bitte an dieser Stelle eine kleine Ausschweifung.

Ähnlich wie bei dem unnützen Energieverbrauch zum Kühlen im Sommer verhält es sich beim Heizen im Winter. Bei unzureichender Wärmedämmung im Außenwand-, Dach- und Fensterbereich geht viel Wärmeenergie verloren. Bei offenen Flammen (feste und flüssige Brennstoffe) bedeutet Wärme auch Sauerstoffverbrauch, bei der Elektroheizung dafür mehr Strahlenbelastung. Demnach sollten die Außenwände nicht aus kleinformatigen Vollsteinen, sondern aus großformatigen Steinen mit Hohlkammern bestehen. Die Wohngeschoßdecke sollte durch eine möglichst dicke Wärmedämmschicht isoliert sein, und die Fenster sollten eine Doppelverglasung haben, wobei zu beachten ist, daß die Rahmen und Flügel wegen der Kältebrückenwirkung so zu konstruieren sind, daß Außen- und Innenseite durch ein Material mit geringem Wärmeleitwert unterbrochen werden.

Ein Raum, der auf diesen technischen Voraussetzungen trotz geringer Energie gut geheizt ist, läßt sich auch zur kurzfristigen Frischluftaufnahme ohne unangenehme Begleiterscheinungen gut lüften, was für die Gesundheit und das Wohlbefinden, aber auch für das Aussehen der Bewohner von großer Bedeutung ist. Zurück zum Thema.

Kommen wir zum Leben.

Oben habe ich Beispiele aufgeführt die beweisen, daß Leben ohne Sonneneinwirkung möglich ist. Das Samenkorn erwacht zum Leben tief in der Erde, wo keine Sonne hingelangt und entwickelt sich in Richtung nach oben, wo es nach dem Licht strebt. Bringt man aber die Erde mit dem Samenkorn auf einer Scheibe in Rotation, so wächst der Keim nicht in Richtung Sonnenlicht nach oben, sondern der Zentrifugalkraft entgegengerichtet. Demnach ist die Lebensinformation des Samenkornes so angelegt, daß das Wachstum der Schwerkraft der Erde entgegengesetzt erfolgt, d. h. in Richtung der Gestirnstrahlen. Demzufolge erwecken die Gestirnstrahlen das Samenkorn zum Leben. Schirmt man dieselben ab, so stirbt das Leben ab, was für Pflanzen, Tiere und auch für Menschen gilt. Lassen Sie mich somit näher auf die Gestirnstrahlen und deren Bedeutung eingehen.

Die Bedeutung der Gestirnstrahlen

Wie ich feststellen konnte, ist die ungestörte Durchflutung des Körpers mit Gestirnstrahlen nicht nur für eine Schmerzfreiheit und Heilung unverzichtbar, sondern auch für die körperliche Leistungsfähigkeit und das Wohlbefinden. Wo durch noch bestehende oder auch durch ehemalige Erdstrahlenblockaden die Durchflutung mit Gestirnstrahlen fehlt, ist wie oben beschrieben, die Durchflutung durch Verkrampfungen eingeschränkt, sodaß der Abtransport der Schlackenstoffe, was durch das Blut geschieht, empfindlich gestört ist und infolgedessen der normale Zutritt von Aufbaustoffen verhindert wird. Scheinbar will der Körper durch die Verkrampfung ein übermäßiges Ausschwemmen der mit Strahlen aufgeladenen Schlacken in andere Bereiche verhindern.

Aufgrund dieser Regenerationsstörung werden an den Bindegeweben bei der Zellerneuerung Zellen mit Systemfehlern nachgebaut. Der Verschleiß und der Alterungsprozeß werden beschleunigt und aufgeladene

Schlackenstoffe verursachen Schmerzen. Das Immunsystem wird empfindlich gestört. Störungen auf Dauer haben aus diesen Gründen ernsthafte Leistungsminderungen zur Folge. Daher sollten vor allem Sportler der ungestörten Gestirnstrahlendurchflutung größte Beachtung zukommen lassen. **Reformhäuser** sollten zur Wirkungsverbesserung ihre Produkte hierauf hinweisen, denn was nützen Aufbaustoffe, wenn sie mangels Durchblutung nicht an die Bedarfsstellen des Körpers hintransportiert werden. Ist der Kopf oder sind die Organe betroffen, so können an den Organen Fehlfunktionen, Versagen oder sogar Krebs auftreten. Hiervon können auch andere in Verbindung stehende Organe in Mitleidenschaft gezogen werden.

Die Gestirnstrahlen unterstützen den Sympathikus und haben eine anregende Wirkung, während die Erdstrahlen des Parasympathikus unterstützen und eine dämpfende Wirkung haben. Die Aufnahmemenge und die dadurch bedingte Abstrahlung der Gestirnstrahlen ist bei den Menschen sowie bei den Tieren unterschiedlich. Diese unsichtbare Strahlenhülle, die den Körpers ringsum schützend umgibt, nennt man „menschliche Aura“. Bei dem Begriff „Aura“ (Hauch) können unliebsame Verwechslungen entstehen, da man auch das Vorstadium der Epilepsie als Aura bezeichnet. Da diese Abstrahlung zudem, wie ich feststellen konnte, durch die Gestirnstrahlendurchflutung bewirkt wird, nenne ich sie „astrale Körperstrahlung“ oder einfach „Astrahlstrahlung“. Bei Abschirmung oder Reflexion der Gestirnstrahlen nach oben, z.B. durch einen Reflektor oder durch ein umgekehrt angeordnetes Strahlenschutzgerät, ist sie nicht mehr vorhanden. Menschen mit ungewöhnlich großer Astralstrahlung, welche man außerhalb der Körperoberfläche messen kann, bezeichne ich als Gestirnstrahlenmenschen, auf die ich im folgenden Kapitel zu sprechen komme.

Lassen Sie mich an dieser Stelle näher auf die Auswirkungen einer Energieblockade eingehen. Zunächst muß man zwischen dem körpereigenen Energiefluß und dem Energiefluß der Erd- und Gestirnstrahlen unterscheiden. Wie oben berichtet, haben diese Strahlen einen Einfluß auf den Sympathikus und den Parasympathikus, d.h. sie unterstützen den körpereigenen Energiefluß, welcher über die Nervenbahnen verläuft. So ist es erklärlich, daß diese Strahlen bei Verursachung einer Blockade den Körperenergiefluß empfindlich stören, ja sogar völlig unterbrechen können.

Die Folgen wirken sich auf den Stoffaustausch der betroffenen Zellen der Körperregion aus, d.h. das sauerstoffreiche Blut, das ebenso die Aufbaustoffe zur Erhaltung und Regeneration der Zellen heranbringt, wird im Fluß gestört (Durchblutungsstörung), desweiteren wird der Abtransport der Schlacken sowie der Kohlensäure aus den Zellen behindert, sodaß eine Übersäuerung entsteht (schmerzende Vehärtung etc.). Schließlich stellt auch der betreffende Nerv seine Funktion ein, da auch er nicht mehr ausreichend mit Frischblut versorgt wird.

Ähnlich wie bei unserem Lichtnetz wirkt sich eine Energiestörung nicht nur auf die betreffende Stelle, sondern auch auf alle von der Energiequelle aus gesehen dahinter angeordneten Bereiche aus. So hat ein tangierter Nerv im Lendenwirbelbereich je nach Zuordnung zugleich eine Auswirkung auf die entsprechenden Organe des Unterkörpers oder auf die Beine, und ein tangierter Nerv im Brustwirbelbereich auf die Organe des Oberkörpers, da die Nervenbahnen ringförmig um den Körper verlaufen. Die Nerven der Halswirbel verlaufen etwa wie Halsketten verschiedener Länge, dementsprechend wirken unterhalb des Halses der Körpervorderseite sich Störungen aus.

Bei einem Kurzschluß in der Lichtleitung erfolgt in Richtung Energiequelle wegen der Abflußstörung ein Energiestau, sodaß der Sicherungsfaden – eine bewußt angelegte Schwachstelle im Leitungssystem – durchschmilzt, d.h. den weiteren Energiefluß zur Verhütung einer Überhitzung und eines eventuellen Brandes unterbricht. Ähnlich wirkt sich auch eine körperliche Energieblockade durch den Energiestau nach oben aus, sodaß an den darüber- bzw. davorliegenden Körperstellen bzw. Organen ebenfalls eine Übersäuerung eintritt. Liegt z.B. eine derartige Störung im Halswirbelbereich vor, so wirkt sie sich auf das direkt darüberliegende Gehirn aus.

Derartige Störungen im Energiefluß über die Nervenbahnen basieren selbstverständlich nicht in jedem Falle auf dem bestrahlten Bettplatz, sie können auch auf ein Trauma, Ernährungsfehler, Stoffwechselstörungen oder auf Haltungsfehler, langzeitlich verschobene Wirbel oder Überlastung z.B. durch Übergewicht etc. zurückzuführen sein. Man muß die Ursache suchen und beseitigen. Jede Störung, egal welche Ursache vorliegt, ist mit meiner Meisterrute bzw. der Diagnoseschleife zu ermitteln. Die Gesundheit ist nur dann gesichert, wenn der Energiefluß keine Störung aufweist, d.h. keine Blockade vorliegt und die Gestirnstrahlen den Körper störungsfrei durchfluten.

Gestirnstrahlenmenschen und Fähigkeiten

Oben habe ich bereits erwähnt, daß die Gesundheit, die körperliche Leistungsfähigkeit, Ausstrahlung und die Lebensfreude von der lückenlosen Astralstrahlung abhängen. Durch Vermessung der Astralstrahlung mehrerer zehntausend Menschen der unterschiedlichsten Bevölkerungsschichten gelangte ich zu der Erkenntnis, daß nur ein geringer Promillesatz Gestirnstrahlenmenschen sind, d.h. eine außerhalb liegende, meßbare Astralstrahlung haben, und daß diese Astralstrahlenhülle eine unterschiedliche Weite haben kann. Durch Anlegen von Listen und spätere Auswertung ließen sich verschiedene Gruppen gleicher Astralstrahlung zusammenstellen und es zeigte sich, daß man den einzelnen Gruppen besondere Fähigkeiten zuordnen kann. Grundsätzlich kann man sagen, daß sich alle Gestirnstrahlenmenschen einer guten Gesundheit und einer allgemeinen Bliebtheit bei ihren Mitmenschen erfreuen. In der Gruppe der Menschen mit einer Astralstrahlung von 1,50 bis 2,50 m findet man Personen, die sich allgemeiner Beliebtheit bei ihren Mitmenschen erfreuen können.

In der Gruppe von 2,00 bis 4,00 m haben wir bedeutende Komponisten, Autoren, Wissenschaftler, Wirtschaftsmanager, aber auch Kunstfälscher. Darüberhinaus beliebte Schauspieler, Moderatoren, Interpreten etc.

Später werden Sie erfahren, daß Menschen, die um die 4 m Marke angesiedelt sind, besondere Schutzengel haben.

In der Gruppe von 4,00 bis 6,00 m finden wir herausragende Persönlichkeiten in Poltik, Wirtschaft, Forschung sowie in vorausgegangenen Berufssparten.

In der Gruppe von 7,50 bis 10 m haben wir häufig Personen, die wahrsagen können, aber auch Heiler, die jedoch auf Dauer durch die Aufnahme der Negativstrahlung ihrer Kranken selbst krank werden können. Ferner Weltklassesportler und internationale Artisten, sowie herausragende Personen der vorangegangenen Gruppen. Hier finden sich die Hellseher und Wahrsager wie die Afra (†) und die Buchela (†) aus Deutschland, Gerard Croiset (†) aus Holland, Jeane Dixon und Peter Hurkos aus den USA, Elisabeth Tessier aus Frankreich etc., aber auch berühmte Fakire und Feuerläufer der unterschiedlichsten Naturvölker.

In der Gruppe von 10 bis 20 m haben wir angeborene Wunderheiler, die häufig sogar in der Lage sind, ihre Strahlen ohne irgendeine technische Verbindung unbegrenzt weit auf andere Menschen oder Materialien übertragen zu können. Bei ihnen haften Metallgegenstände in der Körpermitte wie an Magneten. Viele von ihnen sind darüber hinaus zur Psychokinese fähig, d.h. Gegenstände und objektive Vorgänge durch den Geist beeinflussen, so z.B. die Russin Nina Kulagina, die Polin Stanislawa Tomczyk und der Österreicher Uri Geller, u.a.

Jenseits dieser bei lebenden Menschen ermittelten Astralstrahlung von 20 m konnte ich ausschließlich nur bei Heiligen eine größere Astralstrahlung feststellen. So hat das Innenfoto der Pfarrkirche von Eibingen bei Rüdesheim/Rh. eine Astralstrahlung von 30 m, die durch den Sarkophag mit den ca. 800 Jahre alten Gebeinen der Hl. Hildegard bewirkt wird. Die Strahlung bleibt demnach auch noch nach dem Tod erhalten.

Das Foto der verstorbenen Theresa Neumann mit den Wundmalen Christi, welche sich jahrelang ausschließlich von Wasser ernährt hat, weist eine Astralstrahlung von 35 m auf. Die Strahlung ist demnach reproduzierbar.

Das Totenfoto der Hl. Bernadette von Lourdes, (die noch keinerlei Verwesungsspuren aufweist), das einhundert Jahre nach ihrem Tode aufgenommen wurde, hat eine Astralstrahlung von 37 m.

Bei meiner Fototherapie erzielt man durch Auflegen eines dieser Fotos mit der Bildfläche nach oben auf den Kopf in wenigen Sekunden (ca. 8 Sekunden) eine Astralstrahlung von 10 bis 20 Metern, wobei sämtliche Schmerzen in Sekunden verschwunden sind.

Ich habe umfangreiche Untersuchungen an Gestirnstrahlenmenschen vorgenommen und empfehle bei Interesse, mehr darüber meinem Buch „Erdstrahlen und Gestirnstrahlen“ zu entnehmen. Hier werden auch die Untersuchungsmethoden erklärt. Die Nikolauskirche in meiner Heimatstadt Bad Kreuznach besitzt ein Reliquienkreuz, in welchem zwei Holzsplitter des Jesuskreuzes eingearbeitet sind. Es hat eine pulsierende Astralstrahlung von 44 bis 47 Meter. Ich besitze ein Zeitungsbild davon, wage es aber wegen der ungewöhnlichen Strahlung niemandem aufzulegen. Dieses Zeitungsbild hat die gleiche Ladung, auf beiden Seiten „positiv“, was ungewöhnlich ist, denn in der Regel ist die Rückseite umgekehrt, d.h. negativ. Aufgrund dieses Schlüsselerlebnisses untersuchte ich an einem Videofilm, den der Bayerische Rundfunk über die Wirkungsstätten Jesu ausstrahlte, die einzelnen Plätze mit meiner Fernrute. Hierbei konnte ich feststellen, daß noch heute, nach ca. zweitausend Jahren – allerdings nicht in jedem Falle präzise an den bezeichneten Stellen – jedoch in unmittelbarer Nähe davon, eine Astralstrahlung von über 40 m erhalten ist.

Diese Erkenntnisse, die ich über die Gestirnstrahlen gewonnen habe, sowie ihre schmerzlindernde und heilende Wirkung rechtfertigen sie als „Strahlen Gottes" zu bezeichnen.

Genau gesagt, ist es den Menschen schon in die Wiege gegeben, denn fragt man ein Kind, wo der liebe Gott ist, so deutet es nach oben zum Himmel. Heilige haben einen Heiligenschein auf ältesten Gemälden. Dieser Heiligenschein stellt die Astralstrahlung dar, welche von wenigen Menschen ohne technische Hilfsmittel wahrgenommen werden kann. Fragt man nach dem Teufel, so deutet ein Kinds nach unten, doch hierzu später mehr.

Noch etwas, nach der Entdeckung meiner Manustherapie sah ich Parallelen im Zuwinken bei einer Verabschiedung. So konnte ich feststellen, daß man sich durch das Zuwinken gegenseitig zum Abschied mit göttlichen Gestirnstrahlen beschenkt. Ich bin überzeugt, daß unsere Vorfahren die wohltuende Wirkung dieses Strahlengeschenks verspürt haben, wogegen wir durch die mannigfaltige Bestrahlung unserer Technik unsensibel geworden sind.

Durch Untersuchungen an Kulturfilmen, die das Fernsehen brachte, gelangte ich zu der Erkenntnis, daß die Naturvölker durchwegs Gestirnstrahlenmenschen sind. Wenn trotzdem ihre Lebenserwartung weiter hinter der unsrigen rangiert, so ist dies auf andere Umstände wie Nahrungsmangel, Natur, katastrophale Hygiene etc. zurückzuführen.

Wie ich feststellen konnte, haben deren Körperbemalungen mit eisenoxidhaltigen Farben und Pflanzenfarben einen positiven Einfluß auf die Gestirnstrahlen, ebenso ihre hüpfenden Tänze. Durch ausgedehnte Untersuchungen an Sportarten gelangte ich zu der Erkenntnis, daß Körperbewegungen quer zur Körperachse Erdstrahlen aufbauen. Bezeichnend hierfür sind die Tennissportarten (Tennisarm) sowie Eishockey (Aggressionen). Steht ein Kind beim Schaukeln, so nimmt es Erdstrahlen auf, während es beim Sitzen dieselben abführt. Babywiegen müßten demnach in der Längsachse pendeln, und Betten in Schlafwagen müßten längs zur Fahrtrichtung angeordnet sein. Trampoline sind demzufolge die gesündesten Heimgeräte, was meine Untersuchungen an Trampolinsportlern bestätigen. Die Bewegung entspricht denen der Naturvölker beim Tanz.

Nun kann man die Astralstrahlung z.B. durch meine Gestirnstrahlentherapien künstlich erweitern, wobei sich speziell meine KURAMAN-Creme eignet. Bei Anwendung als Stirnpunkt verleiht sie durch ihre permanente Einwirkung bei Tag und Nacht innerhalb weniger Wochen eine Astralstrahlung von ca. 7 m. Bei anschließender Anwendung als Stirnkreuz, d.h. vom Haaransatz bis zur Nasenspitze und von der einen Schläfenseite zur anderen erhält man sogar eine Astralstrahlung von 9,5 m.

Die gleiche Intensität erreicht man, indem man etwas Creme zwischen Daumen und Zeigefinger verreibt und sodann beide Ohren damit leicht eincremt, sodaß alle Akkupunkturpunkte der Ohren vermehrt Gestirnstrahlen aufnehmen.

Nun könnte man annehmen, daß man mit derartig künstlich aufgebauter Astralstrahlung auch alle die besonderen Fähigkeiten erwerben würde. Dies ist nur mit Einschränkungen möglich.

Menschen mit künstlich aufgebauter Astralstrahlung sind bei genügender Aufladungsstärke fähig, Schmerzen zu lindern bzw. zu beseitigen und durch Beseitigung der Erdstrahlenblockade die Voraussetzungen zur Heilung zu schaffen, jedoch sind sie nicht zum Hellsehen fähig oder mental Strahlen zu übertragen. Auch konnte ich nicht feststellen, daß Menschen mit künstlich erworbener Astralstrahlung von 4 m den oben erwähnten besonderen Schutz durch Schutzengel zu genießen. Auch haften bei ihnen keine Metallgegenstände in der Körpermitte und sie sind auch nicht fähig, z.B. Edelstahllöffel zusammenzudrehen.

Wohl wurde mir mehrfach berichtet, daß man Personen, die vorher im Berufsleben Schwierigkeiten hatten und die man vorher weniger respektvoll behandelte, später sogar Führungspositionen angeboten hat. Ein Diplom-Ingenieur und Unternehmensberater will diese Erfahrung sogar in sein Schulungsprogramm aufnehmen, da er sie für sehr bedeutungsvoll hält.

Beim Deuten auf eine Unterlage, die sowohl aus leitendem als auch nichtleitendem Material bestehen kann, überträgt sich die Astralstrahlung mit halber Stärke auf dieselbe. Hierdurch ist es sogar möglich, Originalgemälde von Kunstfälschungen zu unterscheiden. Ich halte es sogar für möglich, daß sich z.B. aufgrund der außergewöhnlichen Astralstrahlung der Notenschrift von Mozart von 7 m die bisher unbekannte Grabstätte Mozarts auf dem Wiener Friedhof auffinden läßt, denn nur wenige Menschen haben eine Astralstrahlung von 14 m.

In der Kriminalistik könnte man mit Hilfe der Astralstrahlung, aber auch der Erdstrahlenblockaden die Identität zwischen einem Lebenden oder Toten einerseits und einem Foto bzw. Blutstropfen andererseits mittels Strahlenmessung nachweisen.

Für die Kriminalistik könnten meine Erkenntnisse über Rauschgifte und deren Strahlung ebenso von großem Nutzen sein, denn Drogen haben eine starke negative Strahlung, die man sowohl an den Stoffen selbst als auch an den Konsumenten durch Wände hindurch feststellen kann.

Für die internationale Flugsicherung dürfte eine andere Erkenntnis ebenso von Bedeutung sein. Plastische Sprengstoffe kann man mit meiner Fernrute selbst hinter Massivwänden und sogar am Röntgenbild und TV-Bild feststellen, denn sie sind stark negativ geladen.

Alt werden, ohne zu altern

Dies ist ein Wunsch, der so alt ist wie die Menschheit selbst. Kinder wollen alt sein, und Alte wollen jung sein.

Wer alt wird und zudem vital, gesund und leistungsfähig bleibt, und dabei noch jung aussieht, hat sogar der Jugend gegenüber den Vorzug der größeren Lebenserfahrung. Beim weiblichen, aber auch zunehmend beim männlichen Geschlecht hat das jugendliche Aussehen einen besonderen Stellenwert, was der gesteigerte Kosmetikverbrauch bei beiden Geschlechtern deutlich macht.

Was sind nun die äußeren Merkmale des Alterns, und wodurch wird der Alterungsprozeß beeinflußt, so fragen wir uns.

Ein bedeutender Faktor ist hierbei die genetische, d.h. ererbte Veranlagung. Ein chinesisches Sprichwort sagt, daß man sich die Mutter ansehen soll, wenn man ein Mädchen freien will.

Gewiß, die Erbanlage von Vater und Mutter hat eine große Bedeutung, doch darf man sie nicht überbewerten, denn häufig werden Gegebenheiten und Gewohnheiten von einer Generation auf die nächste übertragen und dann als ererbt gedeutet. Als Beispiel führe ich die angeblich vererbte Krebskrankheit an, bei der die Ursache der gleiche übernommene bestrahlte Bettplatz ist, oder als weiteres Beispiel der Bluthochdruck mit Hirnschlag bzw. Herzinfarkt, bei dem die Ursache in der gleichen Eßgewohnheit und falschen Ernährung mit viel Fett, viel Kochsalz bei körperlichem Übergewicht und Bewegungsarmut zu suchen ist, in einer Familie, in der vielleicht der Jugendliche schon wie ein Erwachsener mitrauchen darf. Häufig hört man, daß der Sohn oder die Tochter die schlechten Zähne vom Vater bzw. von der Mutter geerbt hat, geht man aber der Sache nach, so wird in dieser Familie die Zahnpflege vernachlässigt. In einer anderen Familie haben alle eine fahle, ausgetrocknete Haut, hier benutzt keiner eine Hautcreme.

Selbst neue Schuhe, die man nicht eincremt, sehen bald wie alte aus, denn auch Leder ist eine gegerbte Tierhaut. Bekanntlich altern starke Raucher schneller als Nichtraucher. Wenn man genau hinsieht, stellt man fest, daß Raucher einen leidenden Gesichtausdruck haben, d.h. man sieht ihnen an, daß ihre Atemluft mit Qualm angereichert ist. Auch jahrzehntelange Schmerzen drücken sich im Gesicht entsprechend aus. Dem stark Gehbehinderten zeichnen sich die Anstrengung und Schmerzen im Gesicht ab. Selbst Gedanken und Stimmungen prägen unser Gesicht. Wer immer schlechter Laune ist und negativ denkt, braucht sich nicht über die Zurückhaltung bzw. ablehnende Haltung seiner Mitmenschen zu wundern, denn seine Lebenseinstellung zeichnet sich in seinem Gesicht ab. Andererseits kann man einem Menschen, der sich helfend für seine Mitmenschen einsetzt, die Güte ansehen.

Man kennt die psychosomatischen Wechselwirkungen und den Zusammenhang zwischen Körper und Geist und weiß, daß Krankheiten durch Streß, Ärger, Sorgen, Kummer, Ängste, Einsamkeit etc. ausgelöst werden können. Wenn diese negativen Umwelteinflüsse sogar eine Krankheit bewirken können, haben sie mit Sicherheit auch einen Einfluß auf den Alterungsprozeß. Selbstverständlich haben daher auch Krankheiten, und vor allem langjährige Leiden einen bedeutenden Einfluß auf das Altern, denn chronische Krankheiten und Schmerzen sind Zeichen der Regenerationsstörung. Betäubt man den seelischen oder körperlichen Schmerz durch Alkohol oder durch Schmerzmittel, was viele tun, so wird der Schaden nicht behoben, sondern lediglich zugedeckt, wobei durch die Nebenwirkung des Mittels weitere Schäden verursacht werden, d.h. die Vergreisung beschleunigt wird.

Geht man davon aus, daß die Erdstrahlen sowohl im körperlichen als auch im seelisch-geistigen Bereich eine bedeutende Rolle spielen, so darf man sie bei den Umwelteinflüssen, die den Alterungsprozeß beschleunigen, nicht vergessen.

Lassen Sie mich nun zu den äußeren Merkmalen des Alterns kommen. In der Regel kann man schon von weitem einen jungen Menschen von einem alten an der Körperform und Haltung, d. h. dem Knochenbau und der Muskulatur, ferner an der Motorik, d. h. dem Bewegungsablauf und der Beweglichkeit unterscheiden. Hin und wieder gibt es hier Ausnahmen, was z. B. beim Karneval zu peinlichen Situationen führen kann.

Schon mehr Sicherheit in der Beurteilung des Alters geben die Aufschlüsse über das Gesicht, das Haar, die Augen, die Hände, die Haut, die Zähne etc., doch auch hier kann man sich sehr irren, denn der Alterungsprozeß ist nicht bei allen Menschen gleich. Er hängt im wesentlichen mit der Regeneration zusammen, die wiederum durch mannigfaltige Faktoren gefördert oder auch gedrosselt werden kann.

Bekanntlich werden alle unsere Körperzellen in einem bestimmten Zeitablauf abgebaut und von neuen Zellen ersetzt. Diese Regeneration ist in jungen Jahren in der Regel hundertprozentig, doch nimmt sie bei einem bestimmten Alter ab, d. h. es werden weniger Zellen neu angebaut als abgebaut werden, oder es werden sogar Zellen mit Strukturfehlern bzw. Mängeln nachgebaut.

Dieser Quantitäts- bzw. Qualitätsschwund ist zwar altersbedingt, doch kann eine Beschleunigung desselben verschiedene Ursachen haben. Organische Funktionsstörungen, Ernährungsfehler, Bewegungsarmut, Alkohol, Nikotin, Ablagerung von Schlackenstoffen und Fetten, Säuren usw., aber auch der Mangel an bestimmten Stoffen wie Vitaminen, Mineralien, Spurenelementen, Enzymen etc.

Es würde zu weit führen, wollte ich hier alle negativen Einflüsse auf die Regeneration aufzählen, doch lassen Sie mich auf die Bedeutung der Durchblutung für die Ernährung der Zelle näher eingehen. Wo die Durchblutung gestört ist, kann keine ungestörte Regeneration erfolgen. Auch wird die Regeneration gestört sein, wenn im Blut die nötigen Stoffe zur Zellerneuerung fehlen. Ein zu wenig an Fett unter der Haut läßt die Haut welk und trocken erscheinen, ein zuviel Fett unter der Haut bewirkt Furchen und Unebenheiten. Das goldene Mittelmaß ist immer richtig. Dies trifft im besonderen für die Gesichts- und Halshaut zu.

Eine gleichmäßige Iris ohne Verfärbungen, d.h. ohne Lagunen und Krypten, welche bei der Irisdiagnose Krankheiten anzeigen, lassen auf ein jugendliches Auge schließen. Auch ist beim jugendlichen Auge die gesamte Augenpartie gestrafft, während das Altersauge mehr oder weniger in Fettablagerungen bzw. Tränensäcken tiefer eingelagert ist.

Man kann sagen, daß der Zustand der Haut, der Hände, so auch des Körperbaus wesentlich von der Ernährung und der Funktion der Organe abhängt, d.h. es bestehen Rückwirkungen zum Gesamtorganismus. Daß sauerstoffreiche frische Luft und tägliche Reinigung unerläßlich sind, braucht nicht besonders erwähnt zu werden. Auch hatte ich oben auch schon auf die erforderliche Hautpflege hingewiesen, die am besten mit einer unparfümierten Creme wie z.B. Nivea vorgenommen wird. Speziell nach Verwendung eines Parfüms oder Rasierwassers sollte man das Eincremen nicht versäumen, da der Haut durch den Alkohol Fett entzogen wird. (Denken Sie bitte an den Vergleich mit den Schuhen).

Lassen Sie mich nun zum Rumpf und zu den Extremitäten, d.h. Armen und Beinen kommen. Was man nicht braucht, wird vom Körper auch nicht erneuert, und es verkümmert. Rasten heißt rosten. Das gilt ebenso für das Gehirn, denn auch das Gehirn erbringt wie beim Sport durch Training eine Leistungssteigerung und dies bis ins hohe Alter.

Wer bei leistungsangepaßter Ernährung seine Muskeln in Bewegung hält, was durch Arbeit oder auch Sport möglich ist, regeneriert bis ins hohe Alter, denn alles wird über das Blut mit Nährstoffen versorgt. So sieht man z.B. im Schwimmbad ältere Menschen mit sportlicher, jugendlicher Figur, aber auch jüngere, deren Körperbau eher dem eines Rentners gleicht. Auch die Beweglichkeit und der Bewegungsablauf sind in hohem Maße von der regelmäßigen Bewegung abhängig. Hierunter verstehe ich keine übertriebenen Höchstleistungen, sondern altersangepaßte Anforderungen mit Dehnungs- und Lockerungsübungen. Treten allerdings mit, oder sogar auch ohne Bewegungen Schmerzen auf, so bedingen diese eine gewisse Bewegungsunlust, welche sodann ihre negativen Folgen nach sich zieht.

Die Bewegung hat gerade für die Durchblutung eine große Bedeutung, dies erkennt man, wenn man stundenlang im Auto sitzt, ohne die Beine zu bewegen. Hier hilft schon einfaches Fußwippen, sodaß der Wadenmuskel das Blut hochpumpt.

Bei dauerhaften Durchblutungsstörungen entsteht in der abgeschotteten

Zelle eine Zellhypoxie mit lokaler Azidose, d.h. eine Unterversorgung der Zelle mit Sauerstoff mit lokaler Übersäuerung durch das Kohlendioxyd. Die für den Stoffwechsel wichtige Aktivität der Enzyme ist in starkem Maße vom pH-Wert abhängig, wobei der pH-Wert um 7,4 am günstigsten ist. Bei starkem Abweichen von diesem Idealwert stellen die Enzyme ihre Tätigkeit ein.

In wie weit sich ein Mangel an Sauerstoff und ein Überhang an Säure z.B. Kohlensäure im Blut und in der Zelle negativ auswirkt, läßt sich durch folgendes verdeutlichen. Eine Gehirnzelle stirbt schon nach drei Minuten ab, wenn dieser Austausch d.h. Atmung unterbrochen wird. Allerdings ist dies temperaturabhängig, so las ich einmal in der Zeitung, daß ein Jugendlicher der auf einem See im Eis eingebrochen war, noch nach 10 Minuten ohne Atmung keinerlei Gehirnschäden aufwies.

Säuren in den Zellen äußern sich durch Schmerzen. So ist der Muskelkater nichts anderes als eine durch Milchsäure veränderte Zelle. Nach dem Abtransport der überschüssigen Säure ist auch der Muskelschmerz verschwunden. Auch die tiefe Atmung beim Schmerz hat den gleichen Zweck, nämlich die Kohlensäure abzubauen.

Durch meine oben geschilderten Untersuchungen an tausenden von Menschen gelangte ich zu der Erkenntnis, daß alle Gestirnstrahlenmenschen, die eine starke Astralstrahlung haben, nicht nur gesünder und leistungsfähiger als ihre Altersgenossen sind, sondern auch wesentlich jünger aussehen, was sich auf alle geschilderten Merkmale ausdehnen läßt.

Durch die ungestörte Durchflutung mit Gestirnstrahlen haben sie eine vorzügliche Durchblutung und Regeneration, ihr Immunsystem ist in Ordnung, sie haben keine Schmerzen und keine Krankheiten, ihr Schlaf ist nicht gestört, und auch sonst erfreuen sie sich des Lebens, denn sie sind beliebt bei ihren Mitmenschen. Sie haben eine besondere Ausstrahlung, ein Charisma, das auf ihre Mitmenschen Wirkung zeigt.

Da dies alles nicht nur für Gestirnstrahlenmenschen mit angeborener Astralstrahlung zutrifft, sondern auch für jene Menschen, die zuvor mit Erdstrahlen belastet waren, danach entstört wurden und die Astralstrahlung künstlich aufgebaut haben, kann die Aussage über eine deutliche Verjüngung auch auf diese Personen ausgedehnt werden.

Unzählige Menschen haben mir dies bestätigt und mitgeteilt, daß sie von ihren Bekannten und Freunden nach der Ursache und dem Mittel der Verjüngung befragt wurden.

So konnte ich die Wirkung meiner Gestirnstrahlentherapien in den diesbezüglichen Titel meines Buches „Gottes Gestirnstrahlen lindern Schmerzen, heilen und verjüngen“ aufnehmen.

Erlauben Sie, daß ich hier noch einige wichtige Ratschläge anschließe, welche in das Gebiet der Ernährung gehören.

Ich hatte viele Jahre hindurch eine Bernhardinerzucht und hatte durch den Umstand, daß ein Hundejahr etwa sieben Menschenjahren entspricht, infolge der Zeitraffung Gelegenheit, Erfahrungen zu sammeln. So hatte ich einen Rüden und eine Hündin, die ausschließlich nur Fleisch und Knochen wollten. Kübelweise holte ich zweimal in der Woche Futter im Schlachthaus. Dort konnte ich nebenbei feststellen, wenn ein neuer Schweinetransport eintraf, daß die toten Schweine voll mit Erdstrahlen aufgeladen waren. Ihre Position beim Transport im LKW war sicherlich quer zur Fahrtrichtung. Die Metzger und auch der Veterinär waren allerdings der Meinung, daß der Streß beim Transport die Todesursache sei.

Nun, alle Hunde, welche ausschließlich Fleisch und Knochen bzw. nebenbei auch vitaminreiche Rindermagen als Futter erhielten, starben im sechsten bis achten Lebensjahr, während die Tiere, die überwiegend spezielles Hundefutter und Haferflocken, aber nur gelegentlich Fleisch bekamen, durchschnittlich vier Jahre älter wurden und bedeutend jünger wirkten. Auch konnte man deutlich einen Unterschied in der Motorik erkennen. Die einseitig ernährten Fleischfresser waren zwar sehr stark, jedoch behäbig. Die anderen zeigten mehr Aktivität, Vitalität und Beweglichkeit und geringere Ermüdungserscheinungen, zudem war ihre Atmung wesentlich besser. Ihr Spieltrieb hielt weit mehr Jahre an als bei den anderen, was auf ein langsameres Altern schließen läßt.

Nun kann man Hunde eher als Fleischverzehrer bezeichnen als Menschen, was alleine schon durch ihr Gebiß klar zum Ausdruck kommt. Folglich muß sich der übermäßige Fleischgenuß beim Menschen weitaus gravierender auswirken als bei Hunden.

Zum Aufspalten und Verdauen von Fleisch wird Säure benötigt, die der Körper produziert. Die Folge der übermäßigen Fleischnahrung sind demnach eine Übersäuerung und hoher Blutdruck bei einem Übermaß von festen Blutbestandteilen im Verhältnis zur geringeren Blutflüssigkeit bzw. Blutserum. Diese zähflüssige Blutkonsistenz könnte die festgestellte Behäbigkeit in dem Bewegungsablauf erklären, denn das gleiche

Blut versorgt schließlich auch die Muskel- und die Gehirnzellen. Nebenbei, bei Gicht wird striktes Fleischverbot erteilt, da durch den Verzehr von Fleisch sowie von Bier der Harnsäurespiegel ansteigt.

Und weiter geht man davon aus, daß auch Tiere, genau wie die Menschen Bakterien und Viren, evtl. sogar Würmer haben können, sowie zu deren Abwehr Antikörper entwickelt haben, ferner daß im Fettgewebe Herbizide (gegen Unkraut) sowie Pestizide (gegen Ungeziefer) eingelagert sind, so ist es logisch, daß alles beim Verzehr mit übernommen wird. Bei der gesetzlich vorgeschriebenen Fleischbeschauung durch den Veterinär sind diese bis auf Würmer und Trichinen nicht feststellbar. Auch wird hierbei nicht festgestellt, ob ein Tier ganz oder teilweise eine Edstrahlenbelastung hat. Merkt ein Tier, daß es geschlachtet wird, was bei Reihenschlachtungen nicht ganz ausbleibt, so schüttet sein Körper bei Angst und Schmerz Adrenalin aus.

Wenn man dies liest, könnte man annehmen, daß ich Vegetarier bin, doch das stimmt nicht. Der Mensch benötigt Vitamin B 12, das im Fleisch und vor allem in der Leber enthalten ist. Der Bedarf hierin ist aber so gering, daß er durch einen einmaligen bzw. zweimaligen Fleischgenuß pr Woche voll gedeckt wird.

In unserer Wohlstandsgesellschaft ist es jedoch umgekehrt, d.h. Fleisch und Wurst stehen täglich auf dem Speiseplan, der vielleicht nur einmal in der Woche eine Abwechslung durch ein Fischgericht enthält.

Hat man die Wahl zwischen mehreren Fleisch- und Wurstsorten, so sollte man das Fleisch vorziehen, denn es enthält keine Konservierungsstoffe wie Nitrit etc. Zudem kann man den Kochsalzgehalt selbst bestimmen, was bei der fertigen Wurst nicht mehr möglich ist. Wärmen Sie eine Wurst an, so werden Sie die verwendete Salzmenge beurteilen können, Sie werden sich wundern. Kalte, dünngeschnittene Fleischscheiben schmecken zudem besser auf Brot als Wurst. Hat man die Wahl zwischen Schweine- und Rindfleisch, so ist letzteres vorzuziehen, doch weit gesünder ist Geflügel, da dieses sogar in der Regel Gestirnstrahlen signalisiert. So kann z.B. bei einer Erkältungskrankheit eine kräftige Hühnersuppe mit Nudeln Wunder wirken.

Grundsätzlich sind freigehaltene Tiere denen vorzuziehen, die durch Kette oder Käfig an einen festen Platz fixiert sind und eventuellen Erdstrahlenfeldern nicht ausweichen können.

Viele unserer teuersten Gerichte wie Exoten, d.h. Schlangen, Schildkröten (auch Eier), Krokodile etc. für sogenannte Feinschmecker, aber auch die kriechenden Tiere unserer Meere wie Langusten, Krebse, Hummer etc. sollte man gänzlich meiden, denn sie haben starke Erdstrahlenaufladungen. Fische hingegen sind starke Gestirnstrahlentiere und demzufolge zu empfehlen.

Was die Fleischzubereitung anbelangt, so muß auch diese unterschiedlich bewertet werden. Grillt man Fleisch, wobei das austretende Fett in das Brennmaterial tropft und verbrennt, so entsteht das gefährliche und krebsauslösende Benspyrin. Ich erinnere mich, daß ich vor vielen Jahren in Dänemark ein Hähnchen gegrillt habe. Wegen des starken Windes auf dem Campingplatz direkt an der Ostsee mußte ich das Grillgut ziemlich dicht auf die Holzkohle bringen. Dieses Hähnchen war bedeutend länger auf dem Grill als im Magen, denn es wurde schon kurz nach dem Verzehr wieder restlos erbrochen.

Bei der Zubereitung mit Elektroenergie auf dem Elektroherd werden Erdstrahlen aufgenommen, es sei denn, man verwendet einen Edelstahltopf, bzw. man hat das Lichtnetz mit einem Terradex-Lichtnetzentstörer entstört. Ein Netzfreischalter hilft hier nichts.

Dieselbe Aufladung der Speisen erfolgt im Mikrowellenherd, wenn das Lichtnetz nicht entstört ist. Kocht man mit Gas oder festen Brennstoffen (Kohle, Holz), so sollte man aus dem gleichen Grund einen Edelstahltopf benutzen, damit die Speisen nicht negativ aufgeladen werden.

Nun zum Abschluß zu den Eßgewohnheiten. Grundsätzlich sollte man sich einiges hierzu bei den Tieren abschauen. Sie fressen nur, wenn sie Hunger haben, sie fressen nur so viel, wie sie gerade benötigen, und sie fressen nur das, worauf sie gerade Lust haben, d.h. was der Körper gerade benötigt wie z.B. der Hund, der gelegentlich Gras frißt.

Tiere essen nicht aus Gewohnheit und auch nicht aus Langeweile, ebenso nicht als Begleitbeschäftigung z.B. wie die Menschen beim Fernsehen oder bei Sportveranstaltugnen als Zuschauer.

Erlauben Sie als Abschluß zu diesem Thema ein Wortspiel:
„MAN IST DAS, WAS MAN ISST“

Die Kraft des Geistes

Bei allen meinen Experimenten habe ich stets darauf geachtet, daß alles nach den Gesetzen der Physik ablief, zwar nicht der z. Zt. gelehrten Physik, sondern die physikalischen Grundgesetze der Strahlen, die ich selbst erarbeitet hatte, denn nur so ist eine Nachvollziehbarkeit der Experimente durch andere überhaupt möglich, so daß man von einer allgemeinen Gültigkeit sprechen kann.

Selbst bei der Teilnahme an Arbeitstagungen habe ich oft die Fähigkeiten anderer Kollegen bewundert. So ist Herr Carlheinz Bachmann, ein Gestirnstrahlenmensch von 18,30 m, in der Lage, mehrere Edelstahllöffel zugleich wie weiches Wachs zusammenzudrehen. Eines Tages, als er bei einer Tagung direkt neben einer großen Philodendronpflanze saß, und seine Astralstrahlung schon nicht mehr meßbar war, bat ich ihn, das Experiment mit einem Edelstahllöffel zu wiederholen. Hierbei kontrollierte ich ständig seine Astralstrahlung und konnte so beim Messen erleben, wie er diese mental aufbaute. Es dauerte etwas länger als gewöhnlich, doch in dem Moment, in dem seine Astralstrahlung wieder weit über 10 m angewachsen war, drehte er den Löffel wie gewohnt zusammen. Auch kann er in seiner Körpermitte Metallgegenstände anordnen, die wie an einem Magneten haften bleiben, was aber auch andere Gestirnstrahlenmenschen mit einer Astralstrahlung über 10 m können. Zum Abschluß meiner Vorträge in den USA rief ich ihn gelegentlich in Mannheim an und bat ihn, seine Astralstrahlung von 18,30 m auf eine bestimmte Person des Auditoriums zu übertragen. Hier war stets die Überraschung groß, wenn zwischen den Füßen des Probanden und meiner Rute das vorausgesagte Maß von 18,30 m mit meinem Meterstock präzise nachgemessen wurde. Durch die Übertragbarkeit seiner Astralstrahlung ist er zu Fernheilungen sogar in ferne Erdteile fähig, und die Strahlenübertragungen werden beim Schlaf nicht unterbrochen, was ich ebenfalls kontrolliert habe.

Zu derartigen Fernheilungen ist auch ein bekannter Radiästhet aus Clearwester, Florida, USA fähig, auf den ich später zu sprechen komme. Ein anderer Kollege, Herr August Gottheld aus Neunkirchen, ist ein wahrer Meister des Pendelns und entwickelt hierbei übersinnliche Kräfte zum Auffinden verlorener Gegenstände oder vermißter Personen. Er arbeitete viele Jahre erfolgreich mit einem Arzt zusammen, wobei er für jeden Patienten die entsprechende Medizin auspendelte. In den

USA traf ich auf Mr. Paul Serigny, einen bekannten Radiästheten, die man dort Dowser nennt, aus Danville, Vermont, der nahezu dreitausend ertragreiche Brunnen gefunden hat und die gleichen übersinnlichen Fähigkeiten zum Auffinden vermißter Personen und Gegenstände besitzt. Sind dies angeborene Fähigkeiten oder sind es erlernbare Techniken, so muß man sich fragen. So hat man in den USA vor einigen Jahren die hellseherischen Fähigkeiten des in der Kriminalistik erfolgreichsten Polizisten namens Price wissenschaftlich untersucht, indem man ihn von den verschiedensten, oft weit entfernten Plätzen anrief. Er konnte in allen Fällen fehlerlos und präzise die Gegend der Anrufer beschreiben, wie wenn er es direkt selbst sehen würde. Die gleichen Experimente mit anderen Personen schlugen fehl und blieben unterhalb der Wahrscheinlichkeitsschwelle bzw. Zufallsrate. Es gibt sogenannte Vereine zur Erforschung dieser Grenzwissenschaft, die aber diesen Phänomenen gegenüber nicht nur kritisch, was sein muß, sondern leider auch negativ gegenüber eingestellt sind. Ich glaube, daß eine Forschung auf diesem Gebiet nur dann wahre Ergebnisse erbringen kann, wenn sie positiv ausgerichtet ist, weil ein verneinender Geist fähig ist, das Übersinnliche abzuwürgen, da beides dem gleichen Ursprung oder besser gesagt, der gleichen Quelle entstammt, das gleiche ist. Wie kann man etwas finden, das man nicht finden will? Wie kann man die Leuchtkraft einer Lichtquelle beurteilen, wenn man das Licht schon vor dem Auftreffen wegreflektiert oder wenn man nicht die erforderliche Veraussetzung, nämlich die Dunkelheit geschaffen hat. Es ist, wie wenn man bei Nacht mit einem Scheinwerfer auf einer Wiese nach einer brennenden Kerze sucht.

Wenn das ehrliche Bemühen um die Erkenntnis fehlt, ist es durch falsche Versuchsobjekte, falsche Versuchsanordnungen, falsche Voraussetzungen und Bedingungen durchaus möglich, daß das Ergebnis negativ ausfällt. So konnte ich durch meinen Willen bei meinen Experimenten das Mentale fernhalten, und diese Einstellung machte mir sogar später, als ich es wünschte, den Einstieg sehr schwer. Eines Tages sollte mir der Zufall oder die göttliche Fügung hierzu behilflich sein. Meine kleine Tochter Eva-Maria, die eine angeborene Astralstrahlung von 16 m hat, und bei der in der Körpermitte Metallgegenstände ebenfalls wie am Magneten haften bleiben, bekam bei unserem Besuch in den USA von ihrer Tante einen Sonyrekorder mit einer Musikkassette englischer Kinderlieder geschenkt. Beim Schreiben einer Erweiterung zu meinem Buch „Erdstrahlen und Gestirnstrahlen“ lag sie mir nun ständig in den Ohren, sodaß ich mich nicht recht konzentrieren konnte. Ich überlegte, welche meiner Instrumentalkassetten mich am geringsten stören würde und entschied mich für „Passing the Planets“ (Vorbei an den Planeten), die ich ca. 11 Jahre zuvor komponiert hatte. Als ich nun ungestört am Schreiben war, und der Titel Jupiter gerade ablief, fühlte ich mich plötzlich der Erde entrückt, irgendwo zwischen Himmel und Erde schweben. Gleichzeitig kam in mir ein sonderbares wehmütiges Gefühl der Einsamkeit auf. Ich unterbrach mein Schreiben und bat meine Frau Eunice, sich entspannt hinzusetzen und sich vorzustellen, daß die Strahlen von Jupiter von oben ihren Körper durchfluten würden. Hierbei erweiterte sich schon nach wenigen Sekunden ihre Astralstrahlung und erreichte nach etwa einer Minute eine Weite von ca. 20 m. Nach Abbau derselben durch festes Auftreten spielten wir sodann die gesamte Kassette ab, wobei ich ständig ihre Astralstrahlung kontrollierte. Hierbei stellte sich heraus, daß auch der Titel Merkur einen ähnlichen positiven Effekt hat. Übrigens, meine Frau gestand mir anschließend, daß sie dabei nicht an die Planeten, sondern an Gott dachte. Eine derartige mental aufgenommene Astralstrahlung läßt sich auch mental, d.h. ohne Telefon auf andere übertragen, wobei die Entfernung ohne Bedeutung ist, was ich selbst praktiziert habe. Nachdem ich in der Folgezeit auch an anderen Personen im Anschluß an die Hausentstörung durch Abspielen von Jupiter dieselbe Wirkung festgestellt hatte, beendete ich fortan meine Vorträge in der Regel immer mit dem Abspielen von Jupiter. Bei einem Vortrag für Heilpraktiker und Architekten in der Stadthalle Braunschweig stellte ich an zwei Heilpraktikerinnen sogar eine Weite von über 30 m fest, die wegen der unzureichenden Saallänge nicht präzise gemessen werden konnte. Bei einem anderen Vortrag für den „Freien Verband Deutscher Heilpraktiker e.V.“ in Koblenz waren die Erdstrahlenfelder, die zuvor im Hörsaal und in der Umgebung festgestellt wurden, noch bis zur Nachkontrolle kurz vor meiner Abfahrt, die ca. 1 Stunde später lag, völlig verschwunden, was aber danach nicht mehr nachgeprüft wurde. Bei einem weiteren Vortrag beim Jahreskongreß der American Society of Dowers in der Congregational Church von Danville in Vermont, wo sich das Headquater der amerikanischen Dowsers befindet, war nach dem Abspielen von Jupiter die Kirche sowie ein allseitiges Umfeld von ca. 85 m Entfernung, d.h. zuzüglich zur Kirchenfläche eine Fläche von dreißigtausend Quadratmeter völlig strahlenfrei, eingrahmt von vier markanten geraden Streifen, auf denen die Strahlen nach oben zu den

Gestirnen strebten. Mr. Paul Sevigny, der in regelmäßigen Zeitabständen die Strahlensituation überprüfte, konnte nach 8 Monaten noch keine Veränderung der Strahlenfreiheit feststellen, wie er mir telefonisch bestätigte. Erst danach verkleinerte sich die strahlenfreie Fläche, sodaß um die Kirche herum erst im Abstand von ca. 100 Feet (30 m) vereinzelt wieder die Strahlenfelder auftraten, jedoch die vier Strahlenbalken zeichneten sich nicht mehr ab. Dies läßt auf eine kugelförmige Verdrängung schließen.

Demzufolge hatte das Auditorium, durch mentale Aufnahme von Gestirnstrahlen, d. h. alleine durch die Kraft des Geistes die Erdstrahlen bis auf das Magma verdrängt, sodaß alle aufgeladenen Zonen in der erstarrten Erdkruste strahlenfrei wurden. Erst wenn diese Zonen wieder allmählich stufenweise von unten nach oben mit Strahlen übersättigt sind, treten die ehemaligen Strahlenfelder auf der Erdoberfläche wieder auf, was Wochen, Monate oder Jahre dauern kann. Auch vermute ich, daß dann die Aufladungsstärke geringer sein wird, da die ehemalige Aufladung durch stärkere Atomreaktion, d. h. Strahlung der Erde in Millionen von Jahren konzentriert wurde.

Bei Untersuchungen vieler Kirchen wurden durch Radiästheten im Altarbereich starke positive Strahlen festgestellt, die man als Orte der Kraft bezeichnet. Man glaubt damit beweisen zu können, daß man schon beim Kirchenbau die Strahlensituation berücksichtigt hat. Nach der oben erwähnten Erkenntnis ist anzunehmen, daß an dieser Stelle durch das jahrelange Gebet zu Gott die positive Strahlensituation erst geschaffen wurde, denn durch das intensive Gebet kann man auf die Strahlen einwirken.

Gestatten Sie, daß ich hier noch über ein eindrucksvolles Erlebnis bei meinem Besuch der Rheinland-Pfalz-Messe berichte.

Beim Eintritt in eine der Ausstellungshallen gewahrte ich an einem Stand der Telecom zwei Figuren, die ich im Vorübergehen für Schaufensterpuppen hielt. Auch die anderen Besucher zollten ihnen kaum Beachtung. Die Puppen standen regungslos wie mitten in einer Bewegung versteinert mit starrem Blick. Als ich mich später nach Besichtigung wieder dem Hallenausgang näherte, gewahrte ich dort ein dichtes Gedränge. Alle blieben stehen und bestaunten die beiden Figuren, die sich nun roboterähnlich bewegten. Die Meinungen waren gegensätzlich, Roboter oder Menschen?

Ich holte meine Meisterrute hervor und konnte an beiden eine Astralstrahlung von ca. 10 m feststellen, demnach war es für mich eindeutig klar, daß es sich um lebende Menschen handeln mußte, die sogar über eine ungewöhnlich starke Aura verfügten.

Als ich alles besichtigt hatte, ging ich nochmals zu der betreffenden Halle zurück und besuchte die beiden jungen Leute, die gerade eine Pause machten, im Aufenthaltsraum. Bei einer Vermessung ihrer Astrahlstrahlung konnte ich nun nichts Besonderes feststellen, doch als sie sich wieder in die Starre zurückversetzten, hatten sie wieder die außergewöhnliche Strahlung in wenigen Sekunden erreicht.

Wir tauschten die Visitenkarten und verblieben so, daß ich mit ihnen, d.h. dem „Golden Black Duo“ aus Worms nach der Messe Kontakt aufnehmen würde, da auch ihnen selbst der Wirkmechanismus ihrer bewundernswerten Fähigkeiten nicht bekannt war.

Nach meinem Erkenntnissen aus der oben geschilderten Hypnosetherapie setzte ich mich, wie beabsichtigt, nochmals mit dem Duo telefonisch in Verbindung und sie bestätigten mir, daß ich ihnen ihre unbewußt angewandte Technik verdeutlichen konnte. Auch sie starren auf einen Punkt in mehr als 30 Grad erhöhter Blickrichtung und nehmen somit die Gestirnstrahlen auf, wobei sie ihr Bewußtsein abschalten, d.h. sich auf die Ebene des Unterbewußtseins zurückziehen. Werden sie bei ihrer Demonstration im Zustand der Katalepsie angesprochen, so hören sie die Stimme wie aus weiter Entfernung und müssen sich zum Verstehen stark zurückkonzentrieren. Demnach kann man diese ungewöhnliche Fähigkeit als Selbsthypnose deuten.

Auch habe ich eine andere interessante Entdeckung gemacht. Das private Fernsehen SAT 1 strahlte vor einiger Zeit über mehrere Wochen die Sendereihe „Wahre Wunder“ aus. Hier wurden Tatsachenberichte von Menschen gebracht, welche die lebensgefährlichsten Situationen ohne die geringste Verletzung überstanden haben. Ich habe mit meiner Fernrute bei den betreffenden Personen die Astralstrahlung am Bildschirm gemessen und schließlich festgestellt, daß diese alle ohne Ausnahme eine Astralstrahlung von ca. 4 m bis 4,5 m haben. Als ich bei dem oben erwähnten Vortrag in Braunschweig unter anderem auch über dieses Phänomen berichtete und meine Vermutung äußerte, daß diese Personengruppe sicherlich einen besonderen Schutzengel habe, meldete sich eine der beiden oben erwähnten Heilpraktikerinnen zu Wort und gab vor, schon sechs Totalschäden mit PKW's gehabt zu haben, ohne daß ihr hierbei selbst das Geringste passiert sei. Die Überprüfung ihrer Astralstrahlung ergab zwischen ihren Füßen und meiner Rute eine Astralstrahlung von präzise 4,13 m. Nun könnte man natürlich durch Anwendung meiner Gestirnstrahlentherapien seine Astralstrahlung genau auf 4 m bringen und dann als unverletzbarer Stuntman arbeiten, doch glaube ich, daß der besondere Schutz nur bei einer natürlich angeborenen und nicht bei einer künstlich erworbenen Astralstrahlung gegeben ist. Das gleiche trifft sicher bei den hellseherischen Fähigkeiten bei einer natürlichen Astralstrahlung von ca. 7,5 m bis 10 m zu, denn sonst müßten alle, die über mehrere Wochen bei strahlenfreiem Standort Stirnpunkt mit meiner Astral-Creme gemacht haben, nun hellseherische Fähigkeiten besitzen. Hingegen ist es möglich, daß Menschen mit einer künstlich aufgebauten Astralstrahlung von ca. zehn Metern, was durch das große Stirnkreuz vom Haaransatz bis zur Nasenspitze und von einer Schläfenseite zur anderen mit meiner Astral-Creme erreicht wird, durch Auflegen ihrer Hände Schmerzlinderung bzw. völlige Schmerzbefreiung herbeiführen können.

Oben berichtete ich über Herrn Alfons Rivinius aus Schweich/Saar, ein außergewöhnlicher Mann, der über rätselhafte Ereignisse in seinem Leben, wobei er dem Tod mehrmals buchstäblich von der Schaufel gesprungen ist, ein Buch füllen könnte. Seine künstlich aufgebaute Astralstrahlung von 44 m, die ich selbst überprüfen konnte, kann er ebenfalls zu Fernheilungen nutzen, was er vom Saargebiet bis ins Ruhrgebiet an seiner Schwester mit Erfolg unter Beweis stellte. Auch ist er fähig, die 4 Edstrahlenbalken, auf denen die Strahlen rings um mein Haus nach oben gehen, mental tagelang in alle 4 Richtungen um 50 m zurückzuschieben. Erlauben Sie, daß ich seinen höchst interessanten Lebensbericht nachstelle. Meine Forschungen auf diesem Gebiet des Übersinnlichen sind noch nicht abgeschlossen, doch kann ich schon jetzt auf ein Buch hinweisen, welches in den kommenden Jahren erscheinen wird, und das mit Sicherheit das spannendste, aufschlußreichste und interessanteste Buch der Weltliteratur auf diesem Gebiet werden dürfte. Mein oben erwähnter Freund Lloyd Youngblood, bekannter Fernheiler und Präsident des Sunset Chapters in Florida der American Society of Dowers, hat bei Naturvölkern fernab unserer zivilisierten Welt Begebenheiten erlebt, und im Bild festgehalten, die uns unglaublich erscheinen, aber wahr sind. Er kann den Beweis liefern, daß die Kraft des Geistes stärker ist als der bei uns vergötterte Materialismus, dem wir alles Erdenkliche bedenkenlos unterordnen.

Ich erlaube mir, den hochinteressanten Lebensbericht von Herrn Rivinius hier ungekürzt wiederzugeben und hoffe, daß Sie ihn ebenso einzigartig und spannend finden wie ich selbst.

Lebensbericht von A. Rivinius

Alfons Rivinius
Bahnhofstraße 18
6612 Schmelz-Limbach

6612 Schmelz, den 1. 2. 92

Herrn Wilton Kullmann
Wasserstraße 10
6550 Bad Kreuznach

Sehr geehrter Herr Kullmann!

Bezugnehmend auf die fmdl. Rücksprachen vom 20. u. 28. 1. 92 übersende ich Ihnen hiermit einen Lebensbericht sowie einen Erfahrungsbericht im Umgang mit Erd- und Gestirnstrahlen.

Zur Person und im Interesse der Sache sei zunächst folgendes angeführt:

Ich bin 68 Jahre alt, verh., habe 3 Kinder, bin pens. Polizeibeamter, seit 8 Jahren im Ruhestand.

Einige meiner Hobbys sind: Schäferhunde, Wasser- und Segelsport, Malen, Psychologie sowie handwerkl. Betätigungen jeglicher Art, neuerdings auch der Umgang mit Erd- und Gestirnstrahlen.

Eine mysteriöse Begebenheit

Meine Kindheit verbrachte ich im elterlichen Anwesen in Bous/Saar, Ölwerkstr. 32. Ich bin das älteste von 8 Kindern. Als Kind, ich dürfte etwa 7–9 Jahre alt gewesen sein, hatte ich folgendes Erlebnis:

Es war im Sommer an einem sehr heißen Sonntagmorgen, etwa gegen 9.00 Uhr, als ich mich alleine auf dem Bürgersteig bzw. der Straße vor unserem Haus aufhielt. Ich hatte auf meinen Vater gewartet, der sich noch ankleidete, um mit ihm zur Kirche zu gehen. Der Gottesdienst begann um 10.00 Uhr. Während ich draußen verweilte, sah ich einen mir völlig fremden Mann auf mich zukommen. In der Entfernung von etwa 20 m blieb dieser plötzlich stehen und hielt sich mit beiden Händen am Vorgartenlattenzaun unseres Nachbaranwesens fest. Sodann kam er Schritt für Schritt langsam auf mich zu. Bei jedem Schritt hielt er sich übergreifend am Lattenzaun fest. Etwa 2 m vor mir blieb der Mann stehen. Er sah mich an. Ob er gesprochen hat, vermag ich heute nicht mehr anzugeben. Ich sah nun deutlich, wie auf der Stirn dieses Mannes dicke, weiße Schweißperlen standen. Der Mann nahm sodann aus der rechten Hosentasche ein blütenweißes Taschentuch, faltete es auseinander und wischte sich die Schweißperlen von der Stirn. Ich sah nun deutlich, wie sich die Schweißperlen rot färbten – wie Blut – und das Taschentuch voller Blut war. Ich lief in meine elterliche Wohnung und bat meinen Vater dem Mann zu helfen. Mein Vater kam nach draußen und trug den Mann auf beiden Armen in unsere Wohnung. Er legte ihn in der Küche auf ein Chaiselongue. Dort starb der Mann. Zu der betreffenden Person sei noch folgendes bemerkt: Ich schätzte den Mann auf ca. 40–50 Jahre, er war mittelgroß und hatte mittelblondes, halblanges Haar. Er trug einen tadellosen, hellbraunen Anzug, weißes Hemd mit Krawatte, braune Lederschuhe und hellbraune-beige Tuchgamaschen mit dunkelbraunen Druckknöpfen. Der Mann machte auf mich einen besonders guten Eindruck. Er kam mir so fein und gepflegt vor.

Vom Ableben dieser Person an erlischt für mich jede weitere Erinnerung. Ich schwöre bei Gott, daß ich diesen Fall so erlebt habe, wie er geschildert wurde, obwohl ich heute nicht mehr in der Lage bin, irgendeinen Zeitzeugen aufzubringen. Zeit meines Lebens habe ich diesen Fall immer wieder im Bekannten und Familienkreis erwähnt. Nie konnte ich dieses Erlebnis aus meinem Bewußtsein löschen, lediglich zeitweilig verdrängen. Noch nie war ich mir so bewußt wie heute, daß dieses Erlebnis für mich eine ganz besondere Bedeutung hat.

Ein weiteres seltsames Erlebnis

Im April 1985 verzog meine Tochter Carmen von Limbach nach Nunkirchen/Saarland. Den Möbeltransport führten mein Schwiegersohn Werner Romanski und ich durch. An jenem Abend, es war gegen 22.00 Uhr, und es war bereits völlige Dunkelheit eingetreten, legten wir im

Hofraum eine kurze Pause ein. Plötzlich bemerkten wir beide einen ziemlich tieffliegenden runden lichtstarken Flugkörper aus südwestlicher in nordöstliche Richtung fliegen. Im gleichen Augenblick brauste ein etwa in gleicher Höhe fliegender Düsenjäger, aus östlicher Richtung kommend und in westliche Richtung weiterfliegend, hinter dem betreffenden Flugkörper vorbei. Den betreffenden Flugkörper konnten wir etwa 1 km weit verfolgen. Er hatte die Größe eines Fußballes. Inwieweit jedoch der unbekannte Flugkörper und der Düsenjäger in Zusammenhang zu bringen sind, vermag ich nicht zu sagen. Nach meinem Dafürhalten dürfte es aber kein Zufall gewesen sein. Obwohl ich diesen Vorfall am nächsten Tag irgendeiner Behördenstelle melden wollte, habe ich dies bis heute nicht getan, was überhaupt nicht meinen Gewohnheiten entspricht. Meinen Familienangehörigen habe ich diesen Vorfall sofort mitgeteilt. Sie bestätigen mir dies auch heute noch. Ich bat nun meinen Schwiegersohn um Bestätigung dieses Falles. Als hätte ich es geahnt, konnte dieser sich nicht mehr an diesen Fall erinnern. Dies ändert natürlich nichts an dem wie ich den Vorfall geschildert habe und daß alles wahrheitsgemäß niedergeschrieben wurde. Normalerweise hätte ich diesen Vorfall nicht angeführt, ich glaube aber, daß er in die Reihe der von mir geschilderten Erlebnisse einzureihen ist. Bemerkt sei, daß mein Schwiegersohn leitender Angestellter einer größeren Firma ist, und dem zugetraut werden kann, daß er solche Vorkommnisse nicht vergißt. Wieso, weshalb und warum er sich an diesen Vorfall nicht mehr erinnern kann, vermag ich nicht zu deuten. Dieser Vorfall hat Parallelen zu einem später geschilderten Fall. In keinem Falle sollte man mir deswegen Halluzinationen unterstellen.

Mein Lebensbericht

Als Angehöriger der Kriegsgeneration hat es das Schicksal nicht immer gut mit mir gemeint. Mit 17 Jahren wurde ich Soldat in einer Panzerabwehreinheit. Von Beginn an (22. 6. 41) wurde ich im Rußlandfeldzug eingesetzt.

So erlitt ich einen Unfall mit einem Lkw der Wehrmacht auf der Fahrt von Baden-Baden nach Oberschlesien. Damals, es war 1941, war an meinem Lkw ein Motorschaden entstanden. Das Fahrzeug wurde auf besagter Autobahnstrecke von einem unserer Werkstattwagen mit einem Drahtseil in Schlepp genommen. Hierbei wickelte sich das Abschleppseil um die Vorderachse und Spurstange, sodaß mein Fahrzeug auf der dortigen starken Gefällestrecke gegen die nur etwa 30 cm hohe Brückenmauer einer Eisenbahnunterführung geschleudert wurde. Ich hatte Glück, daß ich mit meinem Fahrzeug nicht über die Brückenmauer auf den darunter gelegenen Bahnkörper geschleudert wurde. Dieses Glück hatte ich dem Fahrer des Abschleppfahrzeuges zu verdanken, der zum gegebenen Zeitpunkt richtig reagiert hatte.

Während des Rußlandfeldzuges fuhr ich einen Lkw, der irgend einmal defekt wurde und abgeschleppt werden mußte. Damals, es war 1942, hatte unser Werkstattwagen zugleich 2 Lkw's in Schlepp genommen. Mein Fahrzeug war das letzte. Beim Passieren einer gesprengten Brücke über den Fluß „Djnepper" – die Brücke war wieder provisorisch hergestellt worden – hatte der Fahrer des mittleren Lkw's durch Unaufmerksamkeit bewirkt, daß sich das Abschleppseil zum Abschleppwagen um die Vorderachse seines Fahrzeuges wickelte und auf diese Weise die Lenkung außer Kraft gesetzt wurde. Der mittlere Lkw wurde auf diese Weise, in Fahrtrichtung rechts gesehen, gegen das provisorisch hergestellte Brückengeländer aus Holzbalken geschleudert. Hierbei wurde das Brückengeländer durchbrochen und dieser Lkw stürzte etwa 5 m tief in den Fluß. Ich hatte Glück, daß mein Fahrzeug an besagtem Brückengeländer hängen blieb, wobei beide Abschleppseile rissen. Der Fahrer des abgestürzten Lkw's konnte gerettet werden.

Während des Rußlandfeldzuges erlitt ich als Beifahrer einen schweren Verkehrsunfall, den ich glücklicherweise überlebt. Damals stürzte unser Lkw, der mit Benzinfässern beladen war, einen 12 m tiefen Abhang hinunter. Hierbei überschlug sich das Fahrzeug viermal und blieb umgekehrt auf der Ladefläche liegen. Während sich der Fahrer retten konnte, wurde ich im Führerhaus eingeklemmt und der Motor fing Feuer. Bei dieser Gelegenheit drangen mir die Mündungen von 2 Gewehren in die linke Hüftseite und verletzten mich sehr. Ich habe den Unfall überlebt.

Ein weiterer Verkehrsunfall 1941 in Polen sei noch erwähnenswert. Damals fuhr ich zusammen mit einem Unteroffizier in einem Wehrmachts-Kübelwagen bei Warschau auf einer Landstraße. Unterwegs kam uns ein Pferdefuhrwerk entgegen. Bemerkt sei, daß nur ein Pferd an die Deichsel angespannt war. Etwa auf gleicher Höhe scheute das Pferd, wechselte die Fahrbahnseite und raste auf mein Fahrzeug zu. Hierbei bohrte sich die Deichsel bis in den Innenraum meines Fahrzeuges, genau zwischen dem Unteroffizier und mir. Es entstand Totalschaden. Auch diesen Unfall hatte ich heil überstanden.

Im Jahre 1942 war ich vorübergehend Soldat in Warschau. Damals fuhr ich einen „Jeep". Wie es passieren konnte, kann ich mir bis heute nicht recht erklären. Jedenfalls geriet ich, zusammen mit einem Unteroffizier, mit meinem Fahrzeug unbeabsichtigt ins Juden-Getto. Im Gettoinneren, also außerhalb der deutschen Sicherheitszone, wurde unser Fahrzeug von einer aufgebrachten Menschenmenge gestoppt. Beide wurden wir von unserem Fahrzeug heruntergerissen und sofort entwaffnet. Ich bin ganz sicher, daß man uns völlig ausgeraubt und anschießend umgebracht hätte. Die Umstände hierfür waren gegeben. Plötzlich aber tauchten 3 oder 4 jüdische Polizisten in blauen Uniformen auf und befreiten uns aus den Händen der aufgebrachten Menschenmenge. Diese Polizisten, die nur mit Gummiknüppeln bewaffnet waren, schlugen unbarmherzig auf ihre jüdischen Mitbürger ein. Aber nur so konnten wir befreit werden. Sie, die Polizisten, hatten uns anschließend sicher bis ans Haupteingangstor begleitet.

Am 7. 3. 43 wurde ich durch Granatsplitter im Bauch, an beiden Beinen, am linken Arm und im linken Brustbereich schwer verwundet. Man ließ mich wissen, daß nur einer von tausend mit der Verletzung, wie ich sie hatte, eine Chance zum Überleben habe. Im vordersten Erdbunker wurde ich sofort operiert. Da ich nicht zeitgemäß, wie erwartet, zu mir kam, wurde ich in eine Leichentüte verpackt und sollte zu den in der Nähe liegenden 3000 toten deutschen Soldaten gebracht werden. Ein Sanitätsunteroffizier, der mich rein zufällig von zu Hause aus kannte und bei meiner Operation assistierte, kümmerte sich noch einmal um mich und es gelang ihm, mich auf diese Weise ins Leben zurückzurufen.

In den beiden Wintern 1941/42 und 42/43 erlitt ich an beiden Beinen Erfrierungen zweiten Grades. Diese Verletzungen wurden an der Front auskuriert, ich mußte aber bis heute sehr darunter leiden.

Bereits zweimal sollte mir auch noch später der linke Unterschenkel amputiert werden. Dazu hatte ich meine Einwilligung nicht gegeben. Ich litt seither jahrelang immer wieder an offenen Beinen. Im Jahre 1955 wurde mir am linken Unterschenkel ein Neuronom (Untergeschenkelgeschwür) herausoperiert.

Infolge meiner schweren Kriegsverletzung war ich nicht mehr frontverwendungsfähig. Nach meiner Genesung war ich bis Kriegsende Soldat bei einer Landesschützeneinheit in Mannheim, wo ich im Industriegebiet Kriegsgefangene bewachte. In Mannheim erlebte ich alle 45 Großangriffe. Einmal verweilte ich mit 2 Kameraden in einem 3-Mann-Splitterbunker. Fünf Meter daneben schlug eine Bombe ein. Alle drei wurden wir mitsamt dem Bunker 15 m weggeschleudert. Ich habe es überlebt. Ein anderes Mal lag ich während eines Großangriffes unter einem Güterwaggon. Dicht neben mir schlug eine Bombe ein. Ich blieb unverletzt.

Während eines weiteren Großangriffes verweilte ich in einem Getreidesilo im Schutzraum. Durch Bomben wurde die Silofront, etwa 12 Stockwerke hoch, eingerissen und wir waren alle verschüttet. Ich habe es überlebt. In einem anderen Mühlenwerk verweilte ich ebenfalls während eines Großangriffes im Schutzraum. Etwa 3 m neben mir öffnete sich plötzlich die Außenwand und eine 5 m lange Luftmine drang mit ihrer Spitze in den Schutzraum. Es war ein Blindgänger. Wie viele Tieffliegerangriffe ich überlebt habe, kann ich heute nicht mehr sagen. Bei Kriegsende kam ich bei Ansbach in amerikanische Kriegsgefangenschaft. Wegen meiner schweren Kriegsverletzung wurde ich nach 14 Tagen nach Hause entlassen.

Danach war ich zu Hause 6 Monate ans Bett gefesselt. Beide Beine wurden schwarz und ich glaubte sie zu verlieren.

Neben Hunger mußte ich vieles erdulden. Bemerkt sei, daß mein Elternhaus zertrümmert und die Familie auseinandergerissen war.

Am 22. 1. 49, also nach offiziellem Kriegsende, wurde ich bei Dunkelheit in Wadgassen/Saar von 8 französischen Soldaten auf offener Straße überfallen und niedergeschossen. Ein Karabinerschuß traf mich im Gesicht, der zweite Schuß ging daneben, was von dem betreffenden Schützen infolge Dunkelheit nicht bemerkt werden konnte. Alle glaubten, ich sei tot. Ich habe überlebt. Was ich damals alles erleben mußte war schlimm. Zum Beispiel war weder ein Auto noch Benzin da, um mich ins Krankenhaus zu transportieren. Drei Tage und Nächte lag ich im Privathaus auf einer Holzbank. Eine Krankenschwester hatte mich versorgt. Dieser Fall ist aktenkundig gemacht. Ich beziehe eine Rente davon. Ich bin 70 % kriegsgeschädigt und zusätzlich 10 % erwerbsbemindert. Dies ist aus den beigefügten Unterlagen ersichtlich.

In meinem Berufsleben von 1946 bis Ende 1983 war ich fast ausschließlich mit kriminalpolizeilichen Aufgaben betraut. Meine Aufklärungsquote lag bei ca. 90 %. Deswegen hatte ich gewisse Privilegien und konnte, sofern erforderlich, im gesamten Saarland tätig werden. Ich hatte mehrere Mordfälle und Kapitalverbrechen im Alleingang aufgeklärt, die durch Mordkommissionen nicht geklärt wurden. Dieser Umstand war mir längst peinlich geworden. Bemerkt sei, daß ich in all diesen und anderen Fällen nachts im Schlaf den jeweiligen Fall klären konnte oder aber die erforderlichen Ansatzpunkte fand, die zur Tataufklärung führten. Je schwerer der Fall, je leichter war er für mich aufzuklären. Allein durch die Art und Weise meiner Vernehmungstaktik (psychologisches Denken) gelang es mir fast alle Straftaten aufzuklären. Ich hatte diesbezüglich nie Schwierigkeiten.

In insgesamt 6 Fällen hatte man es bewußt darauf angelegt, mich zu überfallen und mir mit Schußwaffen nach dem Leben zu trachten. In all diesen Fällen handelte es sich um schwere Straftaten, mit deren Aufklärung ich es zu tun hatte.

Ich habe alles überlebt. Im einzelnen darauf einzugehen, würde entschieden zu weit führen. Zudem sei auf meine Amtsverschwiegenheit hingewiesen. Mir war immer klar, daß mir eine Geistkraft beiseite stand, die ich aber nie deuten konnte.

Lassen Sie mich auf meine ersten Dienstjahre zurückgreifen

Es war im Jahre 1946, als ich als Angehöriger des ehemaligen Saarbataillons an der Achterbrücke in Saarbrücken, Eisenbahnlinie Sbr.-Forbach, Wache schob. Als Unterkunft diente uns ein ausrangierter Personenwagen der Eisenbahn. Eine Tür an der Stirnseite des Waggons war nur angelehnt, da die Scharniere kaputt waren. Während ich nachts in einem Feldbett schlief, in dieser Zeit fand eine Wachablösung statt, fiel mir die nur angelehnte Tür mit der scharfen Seitenkante auf die Stirn. Ich erlitt lediglich eine Platzwunde. Die Narbe ist heute noch zu sehen.

Als Gruppenführer in vorgenannten Saarbataillon hatte ich 1946 vor dem Lagertor des Nazi-Lagers in Theley/Saar eine sechsköpfige Wachmannschaft antreten lassen und vergattert. Während der Belehrung (Vergatterung) waren die geladenen Karabiner geschultert. Nach erfolgter Belehrung gab ich das Kommando: „Gewehr ab!" Ich selbst stand etwa 2 m vor der Wachmannschaft. Beim Abnehmen der Gewehre löste sich ein Schuß, der mir 10 cm über den Kopf ging. Bemerkt sei, daß diese Gewehre keine Sicherung hatten. Ich hatte hierbei wirklich viel Glück.

Unmittelbar nach Kriegsende befand ich mich mit 2 Mädchen im Saarland mit Fahrrädern auf einer sogenannten Hamstertour. Auf dem Gepäckträger meines Fahrrades hatte ich einen mit Runkelrüben gefüllten Rucksack deponiert. Auf der starken Gefällestrecke zwischen St. Barbara und Wallerfangen geriet mir am Hinterrad ein Riemen vom Rucksack zwischen die Speichen. Dadurch verlor ich die Herrschaft über mein Fahrrad und ich stürzte den dortigen steilen Hang hinunter. Ich blieb im Baumgestrüpp hängen. Dies war mein Glück. Ich habe alles heil überstanden.

Etwa 1958 erlitt ich, infolge Immunschwäche, eine Sepsis. Mein Hausarzt hatte dies sogleich erkannt und die sofortige Überführung in ein Krankenhaus nach Saarlouis veranlaßt. Der Transport erfolgte mittels eines Krankenwagens. Auf der Hälfte der Fahrstrecke (15 km) wurde ich besinnungslos. Im Krankenhaus wurde ich in letzter Minute gerettet.

Im Jahre 1966 wurde ich auf dem Schäferhundeübungsplatz meiner Ortsgruppe in Hüttersdorf/Saar während der Übungsstunden von einem in Ausbildung befindlichen Schäferhund angefallen und durch 12 Bißwunden schwer verletzt. Um ein Blutbad an 5 Kindern, darunter auch meine beiden Kinder, zu verhindern, lenkte ich den betreffenden Hund auf mich ab. Es war ein Kampf ums Überleben. Schließlich habe ich gesiegt. Der Fall ist ebenfalls aktenkundig.

Im Jahre 1972 machte ich mit meiner Familie in Österreich am Ossiacher See Urlaub. Ich hatte mein Segelboot und meinen 2-er Kajak mit Besegglung bei mir. Mein Sohn Achim, damals 15 Jahre alt, segelte mit dem 2-er Kajak alleine auf dem See. Plötzlich und vollkommen unerwartet zog eine Schlechtwetterfront auf. Alle Wassersportler brachten sich in Sicherheit. Auch mein Sohn steuerte das Ufer an. Mittlerweile tobte bereits ein Sturm über das Wasser. Ca. 3 m vor dem Ufer verlor mein Sohn die Herrschaft über das Boot, und alle am Ufer stehenden Leute mußten mit ansehen, wie er im aufpeitschenden Wasser hilflos mit seinem Boot abgetrieben wurde. Da absolute Lebensgefahr für ihn bestand, schrien die Leute fürchterlich. Ich selbst hatte keine Gelegenheit mehr mein Segelboot startklar zu machen, um einem Sohn zu Hilfe zu kommen. Ein anderer Segler bat mich auf sein Boot und wir versuchten beide gemeinsam die Rettungsaktion durchzuführen. Noch weit entfernt vom Boot meines Sohnes knickte uns durch den schrecklichen Sturm der Segelmast. Mein Sohn wurde immer weiter abgetrieben und es bestand allerhöchste Lebensgefahr für ihn. Ein anderer Segler an Land hatte den Mastbruch bemerkt. Er wiederum kam uns zur Hilfe und übernahm mich auf dem tobenden See in sein Boot. Es gelang uns meinen Sohn ausfindig zu machen und bis an das Boot, welches bereits mit Wasser gefüllt war, heranzukommen. Ich bin dann umgestiegen und es gelang mir mit letzter Kraft das Segel am 2-er Kajak einzuholen und auf diese Weise das Boot zu stabilisieren. Mein Sohn war längst in Panik geraten, da er sich aus eigener Kraft nicht mehr hätte retten können. Beide zusammen hatten wir das schier Unmögliche geschafft und das Boot aus einer Entfernung von 100 m zurück ans Ufer gebracht.

Es dürfte etwa 1975 gewesen sein, als ich zusammen mit 3 weiteren männlichen Personen vom Saarland aus nach Nordfrankreich geflogen bin. Bei dem betreffenden Flugzeug handelte es sich um eine 4-sitzige Privatmaschine. In Metz mußten wir zur Erledigung der Zollformalitäten zwischenlanden. Infolge Sprachschwierigkeiten passierte es, daß wir eine im Anflug befindliche Passagiermaschine kreuzten und so deren Landung verhinderten. Zudem landete unser Pilot entgegengesetzt der vorgeschriebenen Landerichtung. Nach der Landung wurden wir auf der Piste von mehreren Militärpolizisten mit vorgehaltenen Maschinenpistolen empfangen und festgenommen. Man hatte uns vorgehalten, daß wir beinahe eine Katastrophe herbeigeführt hätten. Uns stand Schlimmes bevor. Dank meiner Eigeninitiative und in meiner Eigenschaft als deutscher Polizeibeamter konnte Gnade vor Recht erzielt werden. Es blieb bei einer Verwarnung.

In der Folgezeit stürzte ich bei Wohnhausumbauarbeiten von einer Stehleiter und fiel mit der linken Brustseite auf die Ecke eines Kellersteines. In der Herzgegend hatte ich ein Loch und ich glaubte an mein Ende. Auch dies habe ich ohne ärztliche Inanspruchnahme überlebt.

Bei einer Bootsfahrt auf der Mosel wollte ich über eine betonierte Ufertreppe an Land gehen. Beim Auftreten auf die unterste Treppenstufe schwamm das Boot davon und ich stürzte mit dem Gesicht auf die Betontreppe. Der Mitbegleiter hatte das Boot nicht festgezurrt. Auch diesen Fall habe ich überlebt.

Etwa 1978 wurde ich in Trier in einen Verkehrsunfall verwickelt. Damals entstand an meinem Fahrzeug Totalschaden. Ich und mein Mitfahrer, letzterer war der Fahrzeughalter, blieben unverletzt.

An weiteren 8 Verkehrsunfällen war ich beteiligt. Ich habe sie alle unbeschadet überstanden.

Bei Umbauarbeiten an meinem Haus, es dürfte 1984 gewesen sein, hatte ich auf dem Dach meines Anbaues ein Gerüst aufgeschlagen. Beim Beseitigen desselben hatte ich aus 3 m Höhe einen schweren eisernen Gerüstbock in den angrenzenden Hofraum geworfen. Derselbe hatte mich hierbei am Hosenbund erfaßt und mich kopfüber mit in die Tiefe gerissen. Ich stürzte auf einen Schubkarren und mit dem Kopf auf einen mit Teer gefüllten Blechkanister. Sowohl der Behälterrand als auch der Deckel waren stark eingedrückt. Ich hatte keinen Arzt in Anspruch nehmen müssen. Meine Frau hatte diesen Vorfall miterlebt.

In der Folgezeit wurde ich abermals von meinem eigenen Schäferhund bei Dressurarbeiten angegriffen und erlitt dabei am linken Handgelenk einen Kahnbeinbruch. Der Hund wehrte sich, da er, wie sich später herausstellte, stark krebskrank war.

Nun die Wende

Es war Zufall, daß ich im Mai 1991 im Wohnhaus meines Sohnes Achim in Limbach, Waldwiese 18, arbeitete, als genau zu dem gleichen Zeitpunkt Herr Rainer Breidt dieses Haus mit dem von Ihnen entwickelten Strahlenschutzkeil entstörte. Bei dieser Gelegenheit lernte ich Herrn Breidt kennen. Er stellte bei mir eine astrale Körperstrahlung von 12,80 m fest. Eine größere Abmessung hatte die Örtlichkeit nicht zugelassen. Sie selbst stellten kurz danach über Telefon am Kopf eine Astralstrahlung von 14,5 m fest, während der Rumpf neutral war. An den Beinen stellten Sie eine Erdstrahlenbelastung von 7 m fest.

Zu jenem Zeitpunkt erwarb ich Ihre Ruten, Ihre KURAMAN-Creme und die Bücher. Von Beginn an war ich an Ihrem Wissen in Sachen Erd- und Gestirnstrahlen sehr interessiert.

Am 7. 9. 91 habe ich als Gast an Ihrem Vortrag in Saarwellingen teilgenommen. Sie werden sich sicherlich daran erinnern, da ich mich Ihnen und der Versammlung vorstellte. Ich berichtete über Heilerfolge an meinem Körper. Hierzu sei vermerkt, daß ich von Beginn an täglich zu der Creme zuzüglich die eine oder andere Ihrer Therapien, hauptsächlich aber die Bruscaltherapie, anwandte. Bereits in den ersten 10 Tagen war mein offenes Bein, Wunde etwa 5 x 12 cm groß, abgeheilt. Zudem hatte ich im rechten Oberschenkel, etwa 15 cm über der Kniescheibe, eine Venenexplosion. Dies geschah morgens um 11.00 Uhr, als ich in meinem Hofraum stand und den Gartenteich inspizierte. Plötzlich gab es einen lauten Knall und ich verspürte an vorerwähnter Stelle einen schrecklichen Schmerz. Ich glaubte, jemand hätte mir ein Messer in den Oberschenkel gestoßen. In Erwartung der Dinge, was auf mich zukommen würde , blieb ich 10 Minuten lang, wie verwurzelt, an der gleichen Stelle stehen. Erst dann begab ich mich ins Haus und berichtete den Vorfall meiner Frau. Im Glauben, der betreffende Oberschenkel sei dick angeschwollen und habe sich evtl. blau verfärbt, sah ich nach dem Rechten. Hierbei stellte ich fest, daß nichts dergleichen geschehen war. Wie ich weiter feststellen mußte, verschwand zusehends eine fingerdicke Krampfader in der rechten Kniekehle und zwar in einer Länge von ca. 30 cm. Erst nach 3 Stunden war der Schmerz weg. Bis heute habe ich Ruhe. Bemerkt sei jedoch, daß ich gleichzeitig Mineralsalze, täglich eine Messerspitze voll, eingenommen habe. Des weiteren hatte ich gleichzeitig täglich 4 x Fla-Car, in Wasser aufgelöst, zu mir genommen. Sonstige Medikamente habe ich nicht eingenommen.

In der Folgezeit hatte ich mir an der ehemals offenen Stelle meines linken Unterschenkels erneut eine Wunde in der Größe von 3 cm und 1 cm Tiefe zugefügt. Ich hatte mich an einem Brett gestoßen. Diesen schlimmen Schmerz hatte ich durch Anwendung der Bruscaltherapie in 10 Minuten beseitigt. Hierbei hatte ich so richtig erlebt, wie der Schmerz nachließ und über den linken Fuß abzog.

Weitere Schmerzen in meinem Körper konnte ich beseitigen: Schultersteife, Muskelzerrungen in beiden Armen, Talgdrüsen in der linken Innenhand, Krämpfe zur Nachtzeit im rechten Unterschenkel, Bronchialbeschwerden und Schmerzen durch verschobenen Beckenknochen.

Bevor ich die von Ihnen angebotenen Therapien bei anderen Personen anwandte, probierte ich sie zuerst fast alle bei mir selbst aus. Mit Ausnahme des offenen Beines vor Mai 1991 gelang es mir alle meine vorerwähnten Krankheiten in wenigen Tagen zu heilen und mich restlos schmerzfrei zu machen, und dies bis auf den heutigen Tag. Mit meinem offenen Bein vor Mai 1991 verhielt es sich folgermaßen:

Die Erstanwendung der Gestirnstrahlen an meinem Körper in all den Vielseitigkeiten und den danach erfolgten Therapieanwendungen bei Familienangehörigen, – näher möchte ich hier nicht mehr darauf eingehen, – haben mich restlos von der Richtigkeit Ihrer Theorie in der Anwendung von Gestirnstrahlen überzeugt. Eigentlich kann ich nur von Erfolgen sprechen.

Danach wagte ich behutsam, aber entschlossen, in der begonnenen Richtung weiter zu wirken, was mir mühelos gelang. Bei den Behandlungen an anderen Personen erzielte ich in der Folgezeit nur Erfolge.

Wie Sie sich erinnern werden, haben Sie am Sonntag, dem 20. 1. 92, per Telefon, bei mir eine Astralstrahlung von 13,20 m festgestellt. Tatsächlich kann ich mental die Gestirnstrahlen auf mich einwirken lassen und diese Kräfte telepathisch an Kranke übertragen, gleich welcher Entfernung. In zahlreichen Fällen ist dies bereits mit vollem Erfolg geschehen. So z. B. habe ich am 29. 11. 91 meine 67-jährige Schwester in Düsseldorf aufgesucht. Vor 10 Jahren wurde ihr wegen Krebs eine Brust amputiert. Es erfolgten Nachoperationen. Auch sie mußte die Chemotherapie mit all ihren Folgen über sich ergehen lassen. An dem betreffenden Tag hatte ich sie zu Hause therapiert. Angewandt wurde die Torsions- und Buscaltherapie. Etwa 10 Tage lang hatte ich sie von zu Hause aus telepathisch behandelt. Sodann hatte sie mir berichtet, daß ihre Ganzkörperallergie verblasse und nicht mehr jucke. Des weiteren sei ihre 2 Jahre alte Fistel am Gesäß eingetrocknet. Danach begab sie sich in die Uni-Klinik Düsseldorf zur Nachuntersuchung. Erfreulicherweise wurde ihr mitgeteilt, daß ihr erneuter Krebstumor am linken Lungenflügel zum Stillstand gekommen sei und sich zurückbilde. Sie, meine Schwester, berichtete mir, daß sie sich rundum wohl fühle, wie seit langem nicht mehr. Hier sei vermerkt, daß sowohl sie als auch all die anderen Patienten, was sowohl für die Vergangenheit galt und auch für die Zukunft gilt, durch Verweis auf ihre Bücher, in der Selbstbehandlung unterrichtet wurden bzw. werden. Bemerkt sei weiterhin, daß meine Schwester 40 Jahre lang in Düsseldorf in einer Werkswohnung wohnte. Ihr Mann ist vor 20 Jahren gestorben. Jetzt konnte ich feststellen, daß die betreffende Werkswohnung und der gesamte Industriekomplex erdstrahlenbelastet ist. Desweiteren erfuhr ich durch meine Schwester, daß sie einmal sämtliche Möbel in der Werkswohnung umgestellt hätten, da ihre ganze Familie unter starken Schlafstörungen gelitten hätte. Zudem seien die anderen Mitbewohner dieses Hauses alle an Krebs verstorben. Den betreffenden Personenkreis kannte ich selbst. Die neue Wohnung meiner Schwester ist nicht mehr verstrahlt.

Die Ehebetten meines Bruders Adolf in Ensdorf/Saar waren ebenfalls verstrahlt. Seine Frau starb vor 5 Jahren an Krebs. Er selbst litt an Migräne und dauerhaften Schlafstörungen. Bei Anwendung der 1. Therapie konnte die Migräne beseitigt werden, was bis auf den heutigen Tag anhielt. Auch er befolgt die Selbstanwendung aus Ihren Büchern, die durch mich noch telepathisch unterstützt wird. Auf diese Weise habe ich bisher, wie bereits angeführt, tolle Erfolge erzielt. Wie ich feststellen konnte, lag die verstorbene Frau meines Bruders von Kindheit an in ihrem Elternhaus in Merschweiler/Saar in einem verstrahlten Bett. Danach hatte sie das Pech, auch noch 8 Jahre lang in ihrem Wohnhausneubau in Ensdorf in einem verstrahlten Bett schlafen zu müssen. Mein Bruder kann seit Anwendung der 1. Therapie wieder normal schlafen. Es hat sich bei ihm alles zum Guten gewandelt.

Eine 52-jährige andere Verwandte sollte an beiden Hüftgelenken operiert werden. Sie litt derart an Schmerzen, daß sie beispielsweise 3 Tage lang nicht mehr ein noch aus wußte. Sie war fast bewegungsunfähig. Auch ihre Ehebetten waren verstrahlt. Danach hatte ich sowohl ihr Anwesen als auch sie selbst und ihren Mann mental entstrahlt und ebenfalls mental behandelt.

Nach acht Tagen erlitt sie an beiden Hüftgelenksknochen starke Schmerzen, die 2 Tage lang anhielten. Danach verschwanden die Schmerzen, bis heute, restlos. Erst am 10. Tag nach der mentalen Behandlung suchte ich sie zu Hause auf und therapierte sie dort selbst. Bis heute ist sie vollkommen schmerzfrei und sie kann wieder ihren alten Gewohnheiten nachgehen.

Ein ehemaliger Kollege von mir litt 4 Wochen an starken Zahnschmerzen. Bei der 1. mentalen Behandlung verschwanden die Zahnschmerzen. Bis heute haben sie sich nicht mehr eingestellt. Trotzdem habe ich ihm empfohlen, einen Zahnarzt aufzusuchen, um eine Schadenserweiterung zu vereiteln.

Weiters könnte ich über ähnliche Fälle berichten, was hier aber zu weit führen würde.

Hinsichtlich der von mir angewandten Therapien sei erwähnt, daß es mir mittlerweile mühelos gelingt, durch Handauflegen eine weit intensivere Behandlung erfolgreich durchzuführen. Ich fühle selbst, daß ich täglich mehr Kraft schöpfen und an Kranke weitergeben kann. An dieser Stelle sei darauf hingewiesen, daß Sie selbst am 28. 1. 92, per Telefon, bei mir eine Astralstrahlung (Aura) von 29,80–29,90 m festgestellt haben. An dem betreffenden Abend hatte ich von einem Patienten aus angerufen. Hierbei handelt es sich um den Kollegen Viktor Theis aus Schmelz-Hüttersdorf. Herr Theis hatte Ihre Telefonnummer selbst gewählt und das Zwiegespräch über Lautsprecher mitangehört.

Vor 2 Monaten habe ich mehrere Anwesen und Personen mental entstört. Eine Nachkontrolle erfolgt laufend. Weder die betreffenden Anwesen noch die Personen haben bisher wieder Strahlen aufgenommen. Hierüber habe ich mit Ihnen bereits fmdl. gesprochen. Die Überwachung wird weiterhin durchgeführt.

Betr.: Träume

Seit etwa 20 Jahren träume ich nachts sehr oft, manchmal 4 mal in der Woche, daß ich mit ausgestreckten und mit auf- und abbewegenden Armen abheben und fliegen konnte. Es gelang mir auf diese Weise mühelos über Dächer von Ortschaften zu fliegen, wobei ich aber besonders darauf achtete, nicht mit Stromleitungen in Berührung zu kommen. Von oben herab konnte ich alles beobachten und stets Gefahren erkennen und ausweichen. Alle auf diese Art und Weise gewonnenen Erkenntnisse konnte ich beruflich besonders gut und nutzbringend verwerten. Die meisten Träume waren mir beim Wachwerden noch erinnerlich. Diese Träume waren für mich angenehm. Sie haben mich nie belastet. Seit ich (Mai 1991) mich mit Erd- und Gestirnstrahlen befaße, erlebe ich diese Träume nicht mehr. Ich schließe daher nicht aus, daß zwischen den ehemaligen Träumereien und meinen jetzigen Kräften Zusammenhänge bestehen, was ich zumindest im Augenblick noch nicht zu deuten vermag.

Sehr geehrter Herr Kullmann!

Dies ist meine wahre Lebensgeschichte. Ich habe mir Mühe gegeben, sie annähernd darzulegen. Sie können sie im Rahmen Ihrer wissenschaftlichen Arbeiten verwenden. Wenn nichts daran wahr wäre, wie sonst sollte ich, wenn auch erst jetzt, dazu berufen sein, positiv mit Erd- und Gestirnstrahlen, wie Ihnen bekannt, umzugehen. Ich bin fest davon überzeugt, daß sich die betreffenden Energien bei mir noch steigern werden. Es bleibt also abzuwarten, was noch alles auf mich zukommt. Ich arbeite weiterhin gerne mit Ihnen zusammen und verbleibe daher in Freundschaft, ihr

Alfons Rivinius

Alfons Rivinius
Bahnhofstraße 18
6612 Schmelz-Limbach
Tel.: 06887-2220

6612 Schmelz, den 15. 12. 92

Herr Wilton Kullmann
Wasserstraße 10
6550 Bad Kreuznach

Sehr geehrter Herr Kullmann!

Ich nehme Bezug auf Ihren telef. Anruf von 2. 12. 92 und berichte Ihnen, ergänzend zu meinem an Sie gesandten Bericht vom 1. 2. 92, wie nachstehend folgt:

Juli 1991: an mir vorgenommener Test ergab
14,5 m positiv über dem Kopf,
Rumpf neutral und
Beine 7 m negativ.

Weitere Meßergebnisse meiner gesamtkörperlichen Astralstrahlung nach Anwendung Ihrer Gestirnstrahlen-Therapien:

Am 20. 1. 92 durch Sie selbst; ganzkörperlich	13,20 m
Am 28. 1. 92 durch Sie selbst; ganzkörperlich	29,80–29,90 m
Am 23. 2. 92 durch Sie selbst; ganzkörperlich	44,00 m
Am 17. 6. 92 eigene Messung; ganzkörperlich	102,00 m
Am 22. 7. 92 durch Herrn Breidt; ganzkörperlich	108,00 m
Am 12. 11. 92 durch Herrn Breidt; ganzkörperlich	190,00 m
Am 13. 12. 92 eigene Messung um 14.00 Uhr; ganzkörperlich	249,00 m
Am 13. 12. 92 d. Herrn Breidt um 15.30 Uhr; ganzkörperlich	249,5 m
Am 1. 1. 93 eigene Messung; ganzkörperlich	272,00 m

Hierzu folgende Bemerkungen:

Als Sie am 28. 1. 92 meine Aura selbst mit 29,80–29,90 feststellten, litt ich stark an Herzrhythmusstörungen und ich konnte eine zeitlang kaum noch Schlaf finden, da ich zu sehr aufgeputscht war. Durch die Strahlenabführung über Kabel im Bett fand ich wieder zu meiner gewohnten Ruhe zurück. Die für mich wirklich bedrohliche Situation konnte ich meistern. Trotz der jetzigen Aura (über 200 m) fühle ich mich körperlich sehr ausgeglichen. Ich fühle mich jederzeit in der Lage, fortgesetzt mit Erd- und Gestirnstrahlen umzugehen. Damit will ich zum Ausdruck bringen, daß ich täglich viele kranke Menschen zu heilen vermag. Selbst meine angewandten Ferntherapien erweisen sich als sehr erfolgreich. Natürlich habe ich hierbei meine persönlichen Erfahrungen gemacht, die ich nutzbringend überall dort anwende, wo ich es für angebracht halte. Beispielsweise sei hier erwähnt, daß alle meine Telefongesprächspartner, bei etwas länger dauernden Gesprächen, so stark mit Gestirnstrahlen versorgt werden, daß es ihnen unbewußt im ganzen Körper sehr angenehm warm wird und im ganzen Körper auch ein Kribbeln zu verspüren ist. Gleichzeitig verschwinden die bis dahin vorhanden gewesenen Schmerzen. Immer dann, wenn ich die Betreffenden darauf anspreche, wird mir die vorgeschilderte Veränderung im Körper bestätigt. Bemerkt sei hierzu, daß ich die Gestirnstrahlenübertragung in meinem Körper spüre und sie auch gezielt übertragen kann.

Religiöses Brauchtum

Im Rahmen „Ausländischer Kulturwochen“, die die Stadt Ingelheim/Rh. alljährlich mit Unterstützung der Boehringer-Pharma durchführt, besuchte ich vor vielen Jahren mit einer Bauklasse die Ausstellung der afrikanischen Kultur. Hier wurde in einem Film gezeigt, wie ein Medizinmann eine Frau behandelte, die von bösen Geistern besessen war, was sich durch starke Kopfschmerzen äußerte. Er stülpte der Frau einen schweren, alten Eisentopf über den Kopf, ordnete darauf einige bleiche Knochen an und gestikulierte mit lauter Stimme unverständliche Worte aussprechend, indem er immer wieder seine Hände mit gespreizten Fingern nach oben schwenkte, wie wenn er Hühner wegscheuchen wolle. Die Schüler quittierten diese Szene mit lautem Gelächter, ich empfand Mitleid und räumte höchstens einen Placeboeffekt ein, wenn das Ganze überhaupt eine positive Wirkung haben sollte. Viele Jahre danach, als ich in Experimenten festgestellt hatte, daß man mit einem schweren Metallgegenstand, den man an der höchsten Stelle des Körpers auflegt, schmerzende Erdstrahlenladungen abziehen kann, was ich als meine Kontaktentladung bezeichnet habe, empfand ich anstelle des Mitleids Bewunderung. Diese nahm sogar später zu, als ich, wie in „Erdstrahlen und Gestirnstrahlen“ beschrieben, zu meiner „kontaktlosen Entladung von Personen und Gegenständen“ kam und mich dann wieder des Medizinmannes erinnerte. Er entlud permanent den Eisentopf auf diese Weise und machte ihn damit aufnahmefähig. Viele Monate später entdeckte ich, daß die Ziege eines der stärksten Gestirnstrahlentiere ist und wieder erinnerte ich mich an die Szene mit dem Medizinmann. Ziegen sind die wichtigsten Haustiere bei den Naturvölkern, so auch in Afrika. Folglich ist anzunehmen, daß es sich hier um Ziegenknochen handelte, welche der Frau sogar noch zuzüglich Gestirnstrahlen vermittelten.

So müssen diese Menschen durch ihre Naturverbundenheit und ungestörte Sensibilität für die Natur zu den gleichen Erkenntnissen und Ergebnissen gelangt sein, zu denen ich selbst unzählige, oft sogar äußerst schmerzhafte Experimente benötigte. In vielen Religionen, deren Wurzeln zurück in die Zeit vor unserer Technisierung reichen, finden wir ähnliche Beispiele wie oben beschrieben. So nimmt der Priester mit gestreckten Fingern und hochgewinkelten Armen den Segen Gottes auf, was meiner Manustherapie entspricht. Übrigens, auch Menschen, die nach längerem Aufenthalt im Dunkeln plötzlich eine Lichtquelle sehen,

z. B. in unterirdischen Gängen beim Antreffen einer kaminähnlichen Erweiterung mit Öffnung, strecken dem Licht die Hände entgegen, als könnten sie es damit aufnehmen.

Nebenbei, durch mehrere segnende Kreuze mit der flachen Hand kann man Gegenstände und Lebewesen mit Gestirnstrahlen aufladen. Durch ein kräftiges Kreuz mit dem ganzen Arm ausgeführt, von unten nach oben und von links nach rechts kann man sogar ein entferntes starkes Erdstrahlenfeld für mehrere Minuten verdrängen. Dasselbe erreicht man auch, wenn man über dem Erdstrahlenfeld ca. 10 Sekunden lang Rechtsdrehungen ausführt (meine Torsionstherapie).

Bei der Beichte in der katholischen Kirche wendet der Priester symbolisch nach dem Anhören des Sündenbekenntnisses, d. h. nach der geistigen Übernahme der Sünden zur Sündenvergebung seine Stola um. Hier sehe ich Parallelen zu meiner Discustherapie, durch welche die negativen Strahlenladungen in positive umgewandelt werden. Scheinbar ist dies symbolisch die seelische Entlastung des Priesters, der als Vermittler die Sündenlast wie ein Kurier zu Gott übernimmt.

Übrigens hat nach den neuesten statistischen Erhebungen die Berufsgruppe der katholischen Priester die höchste Lebenserwartung. Nun kann dies damit zusammenhängen, daß deren Haushalt in der Einrichtung nüchterner ist und weniger Störfaktoren enthält als ein Haushalt, in dem eine Frau waltet, wo Blumen, Schmuck, Nippfiguren aus Metall (Reihe aufladbarer Gegenstände) solche aus Porzellan mit Öffnungen nach unten (Glockeneffekt) etc. die Erdstrahlen einholen. Bei Hotels, die ähnlich spartanisch eingerichtet sind, kann ich vergleichsweise sogar nach erfolgter Entstörung eine Garantie für die Strahlenfreiheit erteilen. Ich habe ausgerechnet, daß alleine durch Verhinderung von Krebs- und Kreislaufkrankheiten die Lebenserwartung um ca. 20 schmerz- und beschwerdefreie Jahre verlängrt werden könnte. Gewiß, bei den Kreislaufkrankheiten spielen Ernährung, Bewegungsarmut und Rauchen eine ebenso große Rolle wie Strahlen, was ich oben schon erwähnt habe. Beim Priester kommt noch hinzu, daß evtl. vorliegende Strahlenblockaden durch inbrünstiges Beten immer wieder abgebaut werden. Lassen Sie mich folgendes Erlebnis über die „Kraft des Gebetes" berichten. Bei einem Vortrag stellte ich an einer mehr als sechzigjährigen Frau eine Erdstrahlenladung von 7 m fest. Auf die Frage, wie lange sie schon in der jetzigen Wohnung lebe, d. h. wie lange sie am gleichen Standort schlafe, antwortete sie zu meiner Überraschung „nahezu dreißig Jahre". Bei dieser Belastung müßte sie im Zeitraum von dreißig Jahren schon längst gestorben sein, und so fragte ich sie, ob sie viel betet, was sie bejahte. Ich bat sie um ein Experiment, wozu sie sich bereit erklärte. Sie sollte sich auf das Gebet konzentrieren, und wenn sie das Gefühl habe, Gott erreicht zu haben, solle sie meinen Vortrag unterbrechen. Nach ca. fünf Minuten war es soweit, und ich überprüfte ihre Körperstrahlung. Nun hatte sie sogar eine positive, d. h. Gestirnstrahlung von sechs Metern. Es war für mich und die Anwesenden der Beweis, daß man durch inbrünstiges Beten selbst starke Astralstrahlung aufbauen kann. Ich verstehe unter inbrünstigem Beten nicht das gedankenlose monotone Herunterleiern von auswendig gelernten Gebeten, sondern, die Vertiefung ähnlich einer Unterhaltung in Gott, die aber nach oben gerichtet ist. Ich glaube, daß das Unsterbliche im Menschen, nach seinem irdischen Ableben, den gleichen Weg nach oben nimmt, wie seine Gebete während seiner Lebenszeit. Manchmal sagt man, daß der Geist eines bösartigen Verstorbenen keine Ruhe findet und umherspukt. Hier könnte es sein, daß sein Geist mangels Gebetes den Weg nach oben zu Gott nicht kennt und suchend umherirrt.

Fast alle Menschen, die bereits klinisch tot waren und nochmals ins Leben zurückgeholt werden konnten, berichten, daß sie sich wie durch einen langen dunklen Schlauch, an dessen Ende ein gleißendes Licht zu sehen war, nach oben bewegt hätten, und schließlich in eine hellerleuchtete Kristallstadt gelangt seien. Kann dies der Grund sein, daß sich nach dem Tod die oft schmerzverzerrten Gesichtszüge entkrampfen und ein friedlicher gelöster Gesichtsausdruck eine gewisse Zufriedenheit bekundet, oder ist diese Erscheinung nur auf die Entspannung der Ringmuskulatur im Gesicht zurückzuführen? Wir werden es nie erfahren.

Wenn man wie ich, dicht an der Grenze menschlichen Verstehens forscht, gelangt man zu der Einsicht, daß das irdische Leben nur eine Vorstufe, eine Art Schule ist. Hier haben alle Erlebnisse einen gewissen Einfluß auf die Reifung und Vervollkommnung, wobei sich schlechte Eigenschaften wie Habgier, Genußsucht, Egoismus, Rücksichtslosigkeit, Gefühlskälte etc., d.h. Eigenschaften des Materialismus negativ auswirken, während Genügsamkeit, Nächstenliebe, Hilfsbereitschaft, Mitgefühl etc. einen positiven Einfluß haben.

Beschenkt Gott einen Menschen mit einem hohen Lebensalter, so kann dies zwei Gründe haben. In seiner Güte bietet er dem Sünder immer wieder Gelegenheit zur Besserung, wobei viele der negativen Eigenschaften und Gewohnheiten mit der Zeit alleine schon altersbedingt abgelegt werden, was physisch bedingt sein kann oder auf Einsicht beruht, denn das letzte Hemd hat keine Taschen.

In vielen Fällen wird dieser Prozeß durch physisches oder psychisches Leid unterstützt, denn Leid kann den Charakter veredeln.

Den Zugehörigen der anderen Gruppe schenkt er ein hohes Alter, damit ihre segensreiche Tätigkeit lange erhalten bleibt und vielen Menschen zugute kommt. Die, die er besonders liebt, holt er mitunter schon in jungen Jahren zu sich in sein Reich. Ihnen erspart er eine mögliche negative Entwicklung und spätere Läuterung.

Wenn ich oben ausführe, daß man an den Gebeinen und Fotos etc. verschiedener Heiligen noch heute die Astralstrahlung messen kann, handelt es sich hier sicher um Abdrücke der eigentlichen Astralstrahlung, wie man sie mittels meiner Discustherapie ebenso durch Auflegen übertragen, d.h. vervielfältigen kann. Ähnlich ist es mit der noch vorhandenen Astralstrahlung von Christus an den ehemaligen Aufenthaltsorten, welche auf den kurzen Kontakt zur Erde zurückzuführen ist. Das Original der Astralstrahlung wird sicherlich nicht hier auf Erden bleiben, sondern nach oben in eine andere Welt, in die Welt des Geistes, eingehen.

Volkstümliches Brauchtum

Eine meiner wirksamsten Gestirnstrahlentherapien zur Flächenbehandlung ist die Bruscaltherapie (lat. bruscus = Bürste), und der oben geschilderte Fall Rivinius der künstlich aufgebauten Astralstrahlung von 44 m erfolgte, wie er mir berichtete, überwiegend mit der Bruscaltherapie. Bei dieser Therapie wirken die Haare und Borsten wie starke Antennen und ich konnte feststellen, daß die Akupunkturnadel den gleichen Wirkmechanismus hat, den man aber bisher allgemein noch dem gewissen Einstichschmerz und der darauf erfolgenden Reaktion des Körpers zuschreibt. Schon die Centurionen der Römer, wie auch die Etrusker trugen Helme mit senkrecht angeordneten langen Roßhaarstreifen. Hierdurch nahmen sie vermehrt Gestirnstrahlen auf, was ihre Leistungsfähigkeit gesteigert haben muß. Ähnlich dürfte sich der Federschmuck der indianischen Häuptlinge auswirken sowie der Gamsbart am grünen

Tirolerhut. (Die grüne Farbe nimmt zugleich bei einem bestimmten Licht Gestirnstrahlen auf, und sollte demnach nur am Kopf zur Anwendung gelangen, denn als Schuhfarbe zieht Grün alle Gestirnstrahlen vom Körper nach unten weg.) Auch ein Bürstenhaarschnitt, der nicht durch eine Kopfbedeckung abgedeckt wird, wie z.B. bei Punkern und Skinheads kann eine ähnliche aktivierende, aber auch bei Dauereinfluß aggressionsverstärkende Wirkung haben, zumal bei jenen die Überaktivierung nicht in Arbeit oder Sport umgesetzt wird. Edelsteine haben je nach ihrer Ladung eine unterschiedliche Wirkung. Auch ist es ausschlaggebend wo, d.h. an welcher Körperstelle man sie trägt. Einen negativen Stein, der Erdstrahlen anzieht und demzufolge am Körper die Astralstrahlung zerstört und Erdstrahlenblockaden aufbaut, sollte man wegwerfen, während man die Steine, die Gestirnstrahlen anziehen, lediglich zur Behandlung kurzfristig auf den Kopf oder auf entsprechende Schmerzstellen des Körpers auflegen soll. Sie ziehen von den darüberliegenden Körperteilen ähnlich der oben geschilderten grünen Farbe die Gestirnstrahlen ab, während sie nach unten eine gute Astralstrahlung aufbauen. Könige und Kaiser, deren Kronen mit positiven Edelsteinen reichlich besetzt waren, machten es richtig, indem sie die Krone nur gelegentlich kurzzeitig **auf den Kopf** setzten. Hätte Friedrich der Große hiervon mehr Gebrauch gemacht, statt seinen Dreieckhut zu tragen, so wäre er sicherlich nicht so stark von Rheuma geplagt worden, doch dazu ist es nun zu spät. Nicht zu spät ist es jedoch für viele elegante Frauen, die sich mit Schmuck behängen. Bei meinen Hausentstörungen erlebe ich immer wieder die seltsamsten Zusammenhänge. So kann der Schmuck der Ehefrau bei einem Mann unbewußte Abneigung hervorrufen oder ihn verleiten, dem Schlafgemach, wo der Schmuck gelagert wird, oder sogar dem ganzen Haus fernzubleiben und zu einer Freundin umzusiedeln. Negative Blumen, wie ich sie mit den Edelsteinen und weiteren häuslichen Störfaktoren in meinem Buch „Der perfekte Hausentstörung“ aufliste und beschreibe, können das gleiche, aber auch Aggressionen und Depressionen bewirken, sodaß der Hausfrieden empfindlich gestört wird. In vielen Fällen wurde mir über die verspürte wohltuende Ruhe und Harmonie nach der Hausentstörung berichtet. Ehen, die kurz vor der Scheidung standen, funktionierten danach wieder wie vor dem Wohlstand mit Schmuck, Blumen, Elektrogeräten, Nippesfiguren etc. In einem Falle wollte eine Frau, deren Ehemann sie verlassen hatte, ihren gesamten wertvollen, aber negativen Steinschmuck ohne Absenderabgabe der Freundin ihres Mannes zusenden, um ihn auf diese Weise zu ihr zurückzutreiben. Inwieweit sie es getan hat und damit Erfolg hatte, entzieht sich meiner Kenntnis. In einem Gasthaus, in welchem direkt neben dem Stammtisch, an dem zweimal in der Woche Skat gespielt wurde, ein starkes Erdstrahlenfeld lag, stellte man unmittelbar nach der Hausentstörung fest, daß es entgegen der vorausgegangenen Zeit, wo die Auseinandersetzungen fast in Tätlichkeiten ausarteten, nun alles friedlich und sogar ohne Wortwechsel verlief. Doch über Aggressionen und Depressionen habe ich bereits oben berichtet.

Kinder und Jugendliche lassen sich auf dem Schulweg, beim Joggen etc. per Walkman mit ihrer Lieblingsmusik berieseln. Dies ist ohne Zweifel eine angenehme Errungenschaft unserer Technik, doch Walkman schießen in Richtung ihrer Antriebsachse unentwegt gebündelte, negative Strahlen auf den Körper des Trägers, sodaß hierdurch große Gesundheitsschäden entstehen können. Eine Abschirmung durch ein V_2-A-Blech zum Körper hin ist dringend anzuraten.

In den letzten Jahren wurde die Kleidung für Kinder immer bunter, sodaß man oft sogar am gleichen Kleidungsstück mehrere Farben zugleich verwendet. Nun haben Farben, wie ich oben schon angedeutet habe, je nach dem Licht, das auf sie auftrifft, ob Tageslicht, Gewitterneigung, Glühbirnen und Kerzenlicht oder Neonlicht, eine entsprechende Wirkung sowohl auf die Erdstrahlen als auch auf die Gestirnstrahlen. Ich habe festgestellt, daß hierdurch das Verhalten der Kinder empfindlich beeinflußt und gestört werden kann. Man sollte mit dem Ziel auf ein gesundes Kind mit einer ausgeglichenen Psyche auf neutrale Farben zurückgreifen. Bei Frauen spielen die gleichen Farben nicht nur in der Bekleidung, sondern auch in der Kosmetik eine Rolle. So können durch den roten Nagellack an den Fingern bzw. Händen sowie Anwendung auch an den Füßen Durchblutungsstörungen auftreten. Durch Lippenstifte im Mundbereich bei bestimmten Rotfarben und entsprechendem Licht kann ein gewisses Taubheitsgefühl hervorgerufen werden. Es ist nicht auszuschließen, daß strahlenfreie, sensible Partner durch derartige Störfaktoren eine gewisse Abneigung empfinden können.

Was das Rauchen betrifft, so ist die Krebsgefahr nicht von der Menge des Konsums abhängig, sondern lediglich, ob die Verbrennungsrückstände im Körper mit Erdstrahlen aufgeladen werden oder nicht. Insofern kann man die Krebsgefahr nicht einfach mit jener Argumentation abtun, daß irgendwelche starken Raucher des Bekanntenkreises bis ins hohe Alter gesund waren und von Krebs verschont geblieben sind. Untersucht man eine Zigarettenkippe, so stellt man eine starke Erdstrahlenaufladung fest. Die Lunge ist ein Austauschorgan für Gase, aber nicht für Verbrennungsrückstände, demnach verbleiben diese genau wie Asbest, das ebenso eine große Speicherkapazität für Erdstrahlen besitzt, an den Lungenzellen haften, wobei eine anschließende Erdstrahlenaufladung einen ständigen Reiz auf diese ausübt. Auf einen permanenten chemischen oder physikalischen Reiz reagiert aber unser Körper durch Vorlagerung von Schutzzellen, wie schon erwähnt. Bei Krebs besitzen diese Zellen eine wesentlich größere Strahlen-Speicherfähigkeit als normale, gesunde Zellen, was ihre Puffereigenschaft zwar erhöht, jedoch der stete Tropfen höhlt den Stein, wie man sagt. Sind derartige krankhafte Krebszellen einmal angelegt, so will der Körper auch andere Organe schützen, die damit in Verbindung stehen, was man als das Metastasieren des Krebses bezeichnet. Übrigens, bei starken Rauchern habe ich immer wieder festgestellt, daß die Wirkung der Gestirnstrahlentherapie sowohl in Beziehung auf die Schmerzbefreiung als auch auf den Heilungsprozeß stark verzögert wird, was ich oben schon erwähnt habe.

Astrologie, Charakter und Schicksal

Dieses Thema lieferte schon oft Zündstoff für heftige Auseinandersetzungen, die in verbale Beleidigungen und schließlich Tätlichkeiten ausarteten.

Daß man bestimmten Dingen und Erscheinungsformen zukunftsweisende Bedeutung beimißt, ist so alt wie die Menschheit selbst. So könnte man das Orakel der Griechen, die Auguren der Römer als Vorgänger unserer Wahrsager und Wochenhoroskope bezeichnen. Aber auch in den Kulturen der Naturvölker, die sich kontaktlos und ohne fremden Einfluß entwickeln konnten, findet man unterschiedliche Verfahren, die die Zukunft voraussagen sollen.

Ich selbst stand derartigen Zukunftsprognosen immer skeptisch gegenüber, doch lassen Sie mich hierzu folgendes berichten. Vor einigen Jahren ließ ich mir mehr aus Langeweile als aus Neugier oder Wissensdrang auf dem Champs Élysées in Paris ein Computer-Lebenshoroskop bei

Eingabe von Geburtstag und Stunde erstellen, das ausgedruckt wurde. Hiernach sollte ich ein Jahr später eine Ehe eingehen, aus der ein Kind hervorgehen würde. Für mich war diese Prognose so unwahrscheinlich wie z. B. ein Flug zum Mond. Ich hatte in dieser Zeit eine Freundin, die später in die USA zurückkehrte. Schon bald nach der Abreise fühlte ich, wie sehr sie mir fehlte, wo ich auch immer hinkam, was alles öde, leer und leblos, so daß ich regelrecht wie an einem Einsamkeitskoller litt. Ich flog kurzentschlossen nach den USA, wir heirateten und bekamen eineinhalb Jahre später unsere reizende Tochter Eva-Maria. Erst jetzt erinnerte ich mich des Horoskops aus Paris, das seiner Ungläubigkeit wegen längst in Vergessenheit geraten war. Die einzige Abweichung lag in der Zeitangabe, die um ein Jahr früher war, doch hatte ich statt 6.45 Uhr als Geburtszeit 6.00 Uhr eingeben lassen, was die Zeitverschiebung erklären könnte. Ich bin kein Astrologe. Trotzdem habe ich mich ein wenig mit der Astrologie befaßt. Hierbei konnte ich feststellen, daß den einzelnen Sternbildern gewisse typische Charaktereigenschaften zugeordnet werden können. Auch konnte ich feststellen, daß häufig eine Harmonie und Freundschaft zwischen Menschen besteht, die jeweils um 4 bzw. 8 Monate auseinanderliegen, d. h. jedes vierte und achte Sternbild der zeitlichen Reihenfolge harmoniert zusammen, während zu jedem dritten, sechsten und neunten eine gewisse Disharmonie besteht. Ebenso verhält es sich mit positiven und negativen Ereignissen, die dem gleichen Rhythmus zu unterliegen scheinen. So hatte ich, im Zeichen des Zwillings geboren, zweimal im Zeichen der Jungfrau, präzise am gleichen Tag, dem 1. September, nur vierzehn Jahre auseinanderliegend, die einzigen Unfälle meines Lebens. Diese Übereinstimmung habe ich auch erst wesentlich später festgestellt.

Meine Ehefrau ist im Sternzeichen der Jungfrau geboren. Wie ich schon ausführte, harmonisieren aber Zwilling und Jungfrau nach dem Horoskop nicht so gut zusammen. Dies macht ein ständiges Entgegenkommen und eine gewisse Kompromißbereitschaft notwendig, was zwischen zwei harmonischen Sternzeichen nicht erforderlich ist. Schließlich ist die Liebe eine stärkere Bindung als ein Sternzeichen. Nun könnte man sagen, daß in langjährigen Ehen die Liebe sterben kann, was durch zahlreiche Scheidungen zu belegen ist. Das wichtigste darf bei einer Beziehung zwischen zwei Menschen nie verloren gehen, „Respekt und Achtung“, doch zurück zum Thema. Bei Menschen, die nahe der Grenze zwischen zwei Sternbildern geboren wurden, kann man häufig Charaktereigenschaften und Merkmale des vorausgegangenen bzw. folgenden Sternbildes feststellen, in dem die Geburt aber nicht stattgefunden hat. Durch meine Strahlenuntersuchungen konnte ich klären, daß für die zuständigen Sternbildeigenschaften nicht der Zeitpunkt der Geburt, sondern der der Befruchtung ausschlaggebend ist. Beim Liebesakt wird nämlich die Astralstrahlung verdoppelt bis verdreifacht, was den Einfluß durch die Konstellation der Gestirne erklärt. So sind z.B. zeitlich unwesentlich abweichende Frühgeburten bei unmittelbar bevorstehendem Sternbildwechsel im nächst folgenden Sternbild einzuordnen. Bei Unklarheit ist demnach nicht der Tag der Geburt, sondern die vom Arzt berechnete Geburtszeit ausschlaggebend. Diese Feststellung ändert nichts an den bisher verschiedenen Sternbildern zugeordneten Charaktereigenschaften etc., da diese empirisch ermittelt wurden. Sie kann lediglich für Früh- bzw. Spätgeburten von Bedeutung sein.

Lassen Sie mich noch auf einen weiteren Zusammenhang zwischen dem Mond und den Menschen hinweisen. So entspricht der Zyklus der Frau, wenn keine Störung vorliegt, genau den einzelnen Mondphasen. Wird demnach innerhalb einer bestimmten Mondphase ein bereitgestelltes Ei befruchtet, so ist die Konstellation der Gestirne in dieser Mondphase von Bedeutung.

Den Tages- und Wochenhoroskopen mit detaillierten Aussagen über Glück, Unglück, Finanzen, Beruf, Liebe, Reisen, Bekanntschaften usw. messe ich eher eine unterhaltende Bedeutung bei als die einer Zukunftsaussage.

Die Musik (harmonische Musik)

Oben habe ich berichtet, daß katholische Priester ein hohes Lebensalter erreichen. Dasselbe kann man von Dirigenten sagen. Zwar engagieren sich gute Dirigenten mit dem ganzen Körper, sodaß sich die Bewegung günstig auf den Kreislauf und auf den gesamten Organismus auswirkt. Auch das Erfreuen am Schönen mag einen positiven Einfluß auf die Gesundheit haben. Trotzdem vermute ich mehr dahinter, da die Musik auch auf den Zuhörer einen bestimmten Effekt haben muß, denn häufig kann man nach einem Konzert das ähnliche erhobene Gefühl haben wie nach einem Gottesdienst. Aus diesemn Grunde untersuchte ich die Wirkung einzelner Töne und auch Akkorde auf Erdstrahlenblockaden und die Astralstrahlung an mehreren Personen. Hierbei gelangte ich zu folgendem Ergebnis.

Angeregt durch eine Veröffentlichung von Herrn Dr. E. Schick im Sonderdruck der Erfahrungsheilkunde Heft 10/88, welche im K. G. Haug Verlag unter dem Titel „Phonophorese und Radiästhesie“ erschien, untersuchte ich Zusammenhänge zwischen Musiktönen sowie Akkorden und Strahlen.

Hier das Ergebnis über den Einfluß von **Solotönen auf Erd- und Gestirnstrahlen**.

Ton	Effekt auf Erdstrahlen	Gestirnstrahlen
C	neutralisierend	verdrängend
Cis/Des	**in Gest. umwandelnd**	**verstärkend**
D	**in Gest. umwandelnd**	**verstärkend**
Dis/Es	neutralisierend	**verstärkend weit pulsier.**
E	neutralisierend	neutralisierend
F	neutralisierend	**verstärkend weit pulsier.**
Fis/Ges	neutralisierend	verdrängend
G	neutralisierend	verdrängend
Gis/As	neutralisierend	**verstärkend weit pulsier.**
A	neutralisierend	neutralisierend
Ais/Bb	**in Gest. umwandelnd**	**verstärkend**
H	neutralisierend	verdrängend

Hier das Ergebnis über den Einfluß von **Akkorden auf Erd- und Gestirnstrahlen**.

C-Dur	neutralisierend	verdrängend
c-Moll	**in Gest. umwandelnd**	**verstärkend**
Des-Dur/Cis-Dur	neutralisierend	neutralisierend
cis-Moll	neutralisierend	**verst. weit puls.**
D-Dur	neutralisierend	neutralisierend
d-Moll	neutralisierend	neutralisierend
Es-Dur	**in Gest. umwandelnd**	**verstärkend**
es-Moll/dis-Moll	neutralisierend	neutralisierend
E-Dur	neutralisierend	neutralisierend
e-Moll	neutralisierend	neutralisierend
F-Dur	neutralisierend	verdrängend
f-Moll	neutralisierend	verdrängend
Fis-Dur/Ges-Dur	neutralisierend	verdrängend
fis-Moll	neutralisierend	neutralisierend
G-Dur	neutralisierend	neutralisierend
g-Mol	neutralisierend	neutralisierend
As-Dur	**in Gest. umwandelnd**	**verstärkend**
as-Moll/gis-Moll	neutralisierend	neutralisierend
A-Dur	neutralisierend	neutralisierend
a-Moll	neutralisierend	neutralisierend
B-Dur	**in Gest. umwandelnd**	**verstärkend**
b-Moll	**in Gest. umwandelnd**	**verstärkend**
H-Dur/Ces-Dur	neutralisierend	verdrängend
h-Moll	neutralisierend	verdrängend

Der Effekt der Akkorde auf Gestirnstrahlen läßt sich auf seine Einzeltöne zurückführen.

c-Moll (aus C, **Es**, G), hier wirkt das Es verstärkend.
cis-Moll (aus **Cis**, E, **Gis**), hier wirken Cis und Gis verstärkend.
Es-Dur (aus **Es, D, B**), hier wirken Es, D und B verstärkend.
As-Dur (aus **As**, C, **Es**), hier wirken As und Es verstärkend.
B-Dur (aus **B, D, F**), hier wirken B, D und F verstärkend.
b-Moll (aus **B, Des, F**), hier wirken B, Des und F verstärkend.

Demnach haben die Akkorde **Es-Dur, B-Dur** und **b-Moll** die **stärkste Wirkung auf Gestirnstrahlen** sowohl **beim Menschen** als auch **beim Objekt**.

Zusammenfassend kann man sagen, daß **alle Töne** und auch **Akkorde**, d.h. daß generell die Musik **keine negative Wirkung** zeigt, da **Erdstrahlen** nicht durch sie verstärkt werden, im Gegenteil, diese werden in der Regel sogar **neutralisiert** oder sogar **in Gestirnstrahlen umgewandelt**. Wohl können Gestirnstrahlen neutralisiert oder sogar verdrängt werden, was man nicht übersehen darf. Das bedeutet, daß eine **permanente Musik** zwar abbauend wirken kann, aber **nur bei Gestirnstrahlenmenschen**, denn wer keine gute Gestirnstrahlung besitzt, dem kann man sie auch nicht nehmen.

Schließlich haben die **B-Akkorde**, d.h. **B-Dur** und **b-Moll** sowie **As-Dur, Es-Dur, cis-Moll** und **c-Moll** für die **Erweiterung der Gestirnstrahlung** eine nicht zu verkennende Bedeutung.

In wie weit Rhythmus und Gegenrhythmus eine kinesiologische Wirkung auf Menschen haben, kann ich nicht beurteilen, doch nehme ich an, daß unrhythmische Gegenbewegungen eine negative Wirkung haben. Bei Jazz konnte ich bei Stichproben an den Zuhörern eine negative Auswirkung feststellen, was ich aber nicht verallgemeinern möchte.

Schluß: Das Ergebnis dieser Untersuchung läßt den Schluß zu, daß harmonische Musik etwas Gewisses von Gott ist, sofern sie nicht durch ungesetzmäßige bzw. zuwiderlaufende Rhythmusbewegungen gestört wird.

Von der hypermodernen Musik, bei der häufig zusammenhanglose Töne und Geräusche in ungeordneter Folge ablaufen, kann man das nicht sagen. Sie ist meiner Ansicht nach destruktiv, doch ich kann mich irren.

Ufos

Lassen Sie mich nun zu den meistdiskutierten Objekten kommen, an denen sich schon vor vielen Jahren die Gemüter erhitzt haben, und die noch immer heftige Streitgespräche auslösen, wann und wo auch immer man auf sie zu sprechen kommt. Gibt es Ufos oder nicht? Gewiß, mit etwas Raffinesse und Geduld kann man die Spiegelung einer Lichtquelle auf einer Glasfläche so geschickt manipulieren und im Foto festhalten, daß nur eine geringe Phantasie erforderlich ist, um darin ein Ufo deutlich zu erkennen. Ich habe bei dem oben erwähnten Freund in Florida, der aus über 80 Ländern unserer Erde alle geheimnisvollen Dinge und Ereignisse in einer unübersehbar reichen und hochinteressanten Foto- und Diasammlung zusammengetragen hat, eine Menge Ufoaufnahmen untersucht und hierbei festgestellt, daß es echte und unechte Aufnahmen gibt. Die echten Aufnahmen haben eine turbulenzartige Gestirnstrahlung, welche zwischen 40 und 50 m pendelt. Die Rückseite der Fotos, die eigentlich die gleiche Intensität, allerdings entgegengesetzt, d. h. negativ haben müßte, ist ebenso positiv. Wie Sie sich erinnern werden, hatten wir diese Erscheinung ausschließlich bei dem Zeitungsbild mit den eingelegten Holzsplittern des Christuskreuzes. Insofern kann ich die Existenz der Ufos nicht mehr in Frage stellen, doch stelle ich die Frage, ob wir auf Erden jemals Gelegenheit haben werden, einen solchen geheimnisvollen Flugkörper betreten und besichtigen zu können. Meiner Ansicht nach werden die Ufos mit Gestirnenergie angetrieben. Ich selbst habe viele Experimente durchgeführt, um die unerschöpfliche Energie der Gestirnstrahlen wirtschaftlich zu nutzen, wobei ich festgestellt habe, daß die Beschaffung der Astralenergie ein geringeres Problem darstellt als die Abgrenzung derselben. Schließlich habe ich meine Versuche in dieser Richtung aus zwei Gründen abgebrochen. Wegen meiner Entstörgeräte und der erforderlichen Informationsschrift über Produktbeschreibung und Installationsvorschriften wurde ich von einem Abmahnverein zur Abgabe einer Unterlassungerklärung aufgefordert, da die Existenz der Erdstrahlen nicht bewiesen sei. Weil ich die vorgefertigte Unterlassungserklärung mit der Strafandrohung von fünftausend DM für jede Zuwiderhandlung nicht unterzeichnete, kam es zu einer Klage, die erst in der zweiten Instanz durch einen für mich annehmbaren modus vivendi Vergleich beendet wurde. Später werde ich nochmals darauf zurückkommen.

Wenn meine Strahlenschutzgeräte schon solch eine Reaktion bewirken konnten, so fragte ich mich, welche Reaktion wohl die wirtschaftliche Nutzung der Astralenergie auslösen könnte. Nicht lange danach gelangte durch Unachtsamkeit bei einem Versuch ein stark gebündelter Strahl für den Bruchteil einer Sekunde auf meinen rechten Fuß, sodaß dieser dunkelrot anschwoll, und ich wochenlang solch starke Schmerzen hatte, daß ich viele Nächte nicht schlafen konnte. Nur in eiskaltem Wasser, in dem Eisbrocken schwammen, war der Fuß einigermaßen schmerzfrei. Da nichts half, befürchtete ich schon die Notwendigkeit einer Amputation, wie im Falle Curie. Schließlich kam mir der Gedanke, die starke Gestirnstrahlenladung durch einen Discus in eine negative Ladung umzuwandeln, die sodann auf Rheumamittel angesprochen hätte. Schon kurz nach der Discustherapie ließ der Schmerz deutlich nach und etwa eine Stunde später gingen Rötung wie Schwellung sichtlich zurück. Ich betrachtete dies als einen Fingerzeig Gottes, meine Experimente in dieser Richtung endgültig einzustellen. Später erkannte ich, daß die Zeit dazu auch noch nicht reif ist, denn um Öl werden sogar noch Kriege geführt.

Nun noch etwas zu den Ufos. Vor kurzem brachte Sat 1 im Rahmen der Serie „Phantastische Phänomene" einen TV-Bericht über diese rätselhaften Flugobjekte. Auch hier konnte ich an den Flugkörpern äußerst starke Gestirnstrahlen feststellen. Unter anderem traten drei Personen auf, die vorgaben, mit solchen Außerirdischen Kontakt gehabt zu haben, bzw. kurzfristig sogar entführt worden zu sein. Auch an den drei betreffenden Personen ließ sich eine auffallend starke Gestirnstrahlung feststellen, obwohl die Ereignisse zeitlich schon länger zurücklagen. Diese starke Astralstrahlung unterstreicht die Glaubwürdigkeit der Aussagen über jene seltsamen Ereignisse, welche erst durch Hypnose ins Bewußtsein geholt werden mußten.

Wo auch immer diese mysteriösen Flugkörper herkommen mögen, jedenfalls scheint es so, daß jene das Problem der umweltfreundlichen Energie aus dem Weltall bereits zu lösen vermochten, was auf unserem Planet noch niemand anzugreifen wagt. Ich hoffe, daß meine Erkenntnisse dereinst zur Lösung beitragen werden, wenn unsere Energievorräte auf der Erde erschöpft sein werden, oder wenn unsere derzeitigen Energiearten wegen der negativen Auswirkung auf die Umwelt nicht mehr vertretbar sind.

Landtiere

Erlauben Sie bitte, daß ich die Landtiere unseres Zeitalters nach anderen Merkmalen in Gruppen einteile, als es in der Biologie und Zoologie üblich ist. Lassen Sie mich dieselben nach ihrer **Fortbewegungsart** unterscheiden. **Tiere mit starker Erdverbundenheit kriechen**. Hierzu gehören alle Sechsfüßler, d.h. Insekten wie Fliegen, Käfer, Spinnen, Skorpione, Bienen, Ameisen, Holzschädlinge, Zecken. Zu dieser Gruppe zählt aber auch die Schlange, die ja keine Füße besitzt, ferner alle anderen Reptilien. Diese ganze Gruppe gehört zu den **Erdstrahlentieren**, und es ist bekannt, daß diese Tiere fast auf alle Menschen abstoßend, ja sogar abschreckend wirken. Auch die sechsfüßigen Meerestiere sind, wie Sie später erfahren werden, Erdstrahlentiere.

Die andere Gruppe der Tiere haben die **Fortbewegungsart „Gehen"**. Man erkennt hier deutlich die im Vergleich wesentlich **geringere Erdverbundenheit**. Zu den Vierfüßlern gehören alle unsere Säugetiere, die mehr oder weniger Gestirnstrahlentiere sind. Gewiß, auch in dieser Gruppe haben wir Tiere wie Ratten und Mäuse, vor denen sich viele Menschen fürchten. Dies kann auf die tiefliegende und gestreckte Körperform zurückzuführen sein, weil hierdurch ihre Fortbewegung vielleicht an schnelles Kriechen erinnert. Ich habe erlebt, daß Menschen bei längerer Betrachtung einer Maus ihre Angst verloren haben, denn Mäuse und Ratten sehen im Grunde nicht so übel aus, auch viele Kinder haben weiße Mäuse sogar als Spieltiere. Letzten Endes ist das beliebteste Fabelwesen eine Maus, die Mickymaus. Katzen, die ich oben schon erwähnt habe, bilden eine Ausnahme, denn sie sind Erdstrahlensucher, während alle anderen Tiere dieser Gruppe Erdstrahlenflüchter sind. Nebenbei bemerkt, Katzen kriechen auch nicht, sondern gehen, was wohl der Grund sein dürfte, daß sie sich als Haustiere weiter Beliebtheit erfreuen.

Schließlich haben wir noch die Gruppe der Zweifüßler, in welche die Vögel gehören. Sie sind ebenfalls Gestirnstrahlentiere, d. h. Erdstrahlenflüchter. Wo Schwalben und Störche nisten, ist gesundes Wohnen. Dies wußten schon unsere Vorfahren, es hängt mit Erdstrahlen zusammen, was sie vielleicht nicht wußten. Vögel sind frei und können den Erdstrahlen ausweichen.

Wenn Sie sich mit dieser Einteilung vertraut gemacht haben, können wir zu der näheren Untersuchung der Übereinstimmungen übergehen.

Reptilien haben, wie ihre Vorfahren, die Dinosaurier, eine Negativstrahlung, d.h. Erdstrahlen von 7 bis 8 m. Es ist bekannt, daß bestimmte Schlangenarten ihre Opfer lähmen, um ein Entweichen zu verhindern. Oben wurde beschrieben, daß man aus weiten Entfernungen sogar über ein Fernglas mit den Augen Erdstrahlen aufnehmen kann, die sodann den Kopf nach oben verlassen. Dies mag auch der Grund sein, weshalb die Stiere auf rote Farben aggressiv reagieren, denn rote Farbtöne bilden je nach dem Licht, das auf sie auftrifft, starke Erdstrahlen. Zur Lähmung ihrer Opfer sendet die Schlange aus ihren Augen gebündelte Negativstrahlen aus, wobei ihr gestreckter Körper als Richtsender wirkt.

In Georgia, im Süden der USA, hat man mehrfach festgestellt, daß nach den Hausentstörungen, entgegen der Zeit davor, auf den entstörten Flächen um das Haus herum keinerlei Spuren von Schlangen mehr gesehen wurden. Dies deckt sich mit dem Verhalten von Ameisen, die ebenfalls Erdstrahlensucher sind und nach der Entstörung abwandern. Ebenso in den Südstaaten der USA sieht man häufig Vogelhäuschen in den Bäumen, die aus Gould, einer birnenförmigen Kürbispflanze hergestellt werden. Diese würden die Vögel vor Schlangen, so argumentiert man, schützen. Ich habe die Gouldpflanze untersucht, es ist eine starke Gestirnstrahlenpflanze. Später werde ich ähnliche Beispiele aufführen, in denen durch Strahlen ein gewisser Schutz bewirkt wird. Übrigens, die getrocknete Halbschale der gleichen Pflanze wird in Afrika als Schöpfkelle verwendet, wobei ein positiver Effekt denkbar ist. Leider fehlt mir die Möglichkeit, hier weitere Erkenntnisse zu gewinnen, daher lassen Sie mich bitte zur nächsten Gruppe kommen.

Der Frosch, ein Amphibientier mit 4 Füßen, das zwischen Fisch und Reptil einzuordnen wäre, hat eine Erdstrahlung von ca. 4 m. Wenn er nicht hüpft, kriecht er, was die Verwandtschaft zu Reptilien erkennen läßt.

Unsere Vierfüßler, zu denen wir Wild-, Raub- aber auch unsere Haustiere zählen, sind Erdstrahlenflüchter. Genau wie beim Menschen kann man hier sagen, daß die Gesundheit mit der Menge der Gestirnstrahlen kongruent ist, d.h. je mehr Gestirnstrahlen, je mehr Gesundheit, je mehr Erdstrahlen, je mehr Krankheiten. Bei meinen Entstörungen habe ich auch häufig mit Tieren zu tun, die starke Erdstrahlenblockaden haben und dementsprechend genauso wie die Menschen unter Schmerzen leiden, was hier allerdings nicht verbal, sondern im Verhalten zum Ausdruck kommt.

So hatte ich einen Hasenzüchter in Rheinhessen mit 250 bis 300 Hasen, von denen in jedem Monat 3 bis 5 Hasen eingingen. Nach der Entstörung des Stallgebäudes hörte das schlagartig auf und zwei Hasen, die schon zwei Tage nichts mehr gefressen hatten, nahmen nach der Entstörung wieder Futter zu sich, so daß sie gerettet wurden.

Ein Schweinezüchter im Saargebiet, mit ebensoviel Schweinen, konnte dieselbe Feststellung machen. Er schrieb mir, daß es in seinen Ställen wesentlich ruhiger geworden ist, und daß seine Schweine seitdem gesünder sind und sichtlich besser gedeihen. Er hat auch ein Pferd von 23 Jah-

ren, auf dem die Kinder reiten gelernt hatten, weshalb es ein Gnadenbrot genießt. Dieses Pferd hatte Rheuma in der Vorhand und die Hufrehe, eine unheilbare Hufkrankheit. Noch am gleichen Tag der Entstörung lief das Pferd beschwerdefrei und wenige Wochen danach war zu aller Erstaunen, so auch des Hufschmiedes vom Ort, die Hufkrankheit völlig verheilt. Ein fünfjähriger Schäferhund, der wegen Hüftgelenkdysplasie beim Laufen ständig mit der Hinterhand einknickte, lief ebenfalls noch am selben Tag völlig beschwerdefrei. Selbst die Schwiegermutter, die zuerst bekundete, daß sie an den Hokuspokus mit Strahlen nicht glauben könne, verlor zu ihrer größten Überraschung ihr langjähriges Rheuma in wenigen Tagen.
Ein Reitpferd bei Mannheim lahmte über eineinhalb Jahre mit der linken Hinterhand. Zwei Gelenkschmiereübertragungen von der Vorhand auf die Hinterhand blieben erfolglos. Nach Entstörung des Stalles und Beseitigung der Erdstrahlenblockade bei dem Pferd mittels Discus war das Pferd wieder reitfähig und nahm wenige Tage später sogar wieder an einem Turnier teil. Hierbei hatte ich ein ca. 150 m entferntes starkes Strahlenfeld auf eine Scheibe aufgenommen, welche ich auf die deutende Hand legte. Durch Umwenden der Scheibe wurden aus den negativen Strahlen positive.

Hier könnten noch weitere Fälle angeführt werden, doch lassen Sie mich über eine andere Feststellung berichten. Wie Sie später erfahren werden, haben Nüsse eine starke Negativladung. Ich wunderte mich, daß hierdurch die Eichhörnchen keinen Schaden nehmen und stellte schließlich fest, daß diese Gestirnstrahlentiere von 7 m sind, was durch den buschigen Schwanz bewirkt wird, der meistens noch oben gerichtet ist. Im übrigen werden freigehaltene Tiere wie auch das Wild durch Erdstrahlen weniger gefährdet.

An Tieren, die in einer Einzäunung leben, stellt man häufig fest, daß sich alle an einem bestimmten Platz dicht gedrängt aufhalten, während die restlichen Flächen gemieden werden. Bei Untersuchung stellt man fest, daß die verschmähten Plätze Strahlenfelder aufweisen. Vor vielen Jahren verstarb in meiner Nachbarschaft ein fünfjähriger Schäferhund. Als junger Rüde wurde er in der Wohnung aufgezogen und gedieh außerordentlich gut. Da er einer guten Leistungszucht entstammte, holte er sich bald Leistungsauszeichnungen. Als er sodann in einen zwischenzeitlich errichteten Zwinger sollte, weigerte er sich. Man nahm an, daß er den Hausaufenthalt dem separaten Zwingeraufenthalt vorzog. Schon kurz danach gingen die Leistungen zurück und man glaubte, daß dies auf eine psychische Störung zurückzuführen sei, zumal sich sein Verhalten verändert hatte. Einige Monate danach war er so stark von Rheuma geplagt, sodaß er nicht mehr laufen konnte und sein Zustand verschlimmerte sich, bis er schließlich zwei Jahre später einging. Später, nach Erlangung meiner Erkenntnisse, untersuchte ich den betreffenden Zwinger und stellte fest, daß darin keine einzige strahlenfreie Fläche vorhanden war, auf die der Hund hätte ausweichen können.

Viele unserer Haustiere, vor allem der Hund, sind durch die vielseitige Bestrahlung unserer Technik bereits so unsensibel geworden, daß sie sich auf gestörten Plätzen niederlegen, ohne sich zu widersetzen. So hatte ein Chow-Chow seinen Platz im Hausflur in einem stark bestrahlten Feld. Der Hund litt an HD und konnte, wenn er beim Aufstehen unterstützt wurde, nur wenige Schritte laufen. Am Ende der ca. dreistündigen Hausentstörung lief er plötzlich zum Erstaunen des Besitzers hinter uns her, ist seitdem beschwerdefrei und läuft täglich ca. 1 Stunde lang.

An vielen Beispielen im Tierreich läßt sich die positive Wirkung der Gestirnstrahlendurchflutung nachweisen. Die Geweihe der Hirsche wirken wie Antennen und verleihem dem Träger Wohlbefinden und Kraft. Ein Tier, das sich kräftig fühlt, läßt seinen Ruf erschallen, um seinen Bereich durch die Stimme abzugrenzen, wie es der Hirsch in der Brunftzeit tut. Nach dem Abstoßen des Geweihs verhält sich der gleiche Hirsch ruhig, wie ein ängstlicher Hase. Weitere ähnliche Beispiele wurden bereits angeführt.

Meerestiere und Walsterben

Wie ich feststellen konnte, sind alle Fische sowie die meisten Meerestiere sogenannte Gestirnstrahlentiere, so auch die Wale, die allerdings zur Gattung der Säugetiere gehören. Bekanntlich passiert es hin und wieder, daß Wale an irgendeiner Küste stranden und verenden. Durch Untersuchungen an Zeitungsbildern von gestrandeten Walen stellte ich an allen das völlige Fehlen der sonst üblichen ca. 7 m starken Astralstrahlung fest. Demnach müssen die Tiere eine längere Zeit über starken Strahlenfeldern zugebracht haben, sodaß sie sich durch den Strahlenverlust sterbenskrank fühlen. Als Lungenatmer ohne Kiemen sind sie auf die Atemluft angewiesen, also flüchten sie aus dem Meer aufs Land, wo sie aber durch Austrocknung gefährdet sind. Durch die Torisonstherapie, die sich als meine stärkste Gestirnstrahlentherapie herausgestellt hat, könnte man diese Tiere wieder mit den nötigen Gestirnstrahlen versehen, sodaß sie ins Meer zurückkehren würden. Dies wäre sogar über Telefon via Satellit in ferne Erdteile möglich, und man würde dort an der Küste lediglich ein Mobiltelefon benötigen, es sei denn, man beherrscht dort die Technik meiner Torsionstherapie, welche kinderleicht ist. Bei dem letzten tragischen Ereignis dieser Art in Australien rief ich sofort nach Kenntnisnahme aus der Tageszeitung den internationalen Tierschutzverband an, der mir mehrere Telefonnummern von Tierschutzverbänden in Australien nannte. So führte ich mehrere Telefonate, die jedoch wegen der Zeitverschiebung leider nur von Anrufbeantwortern aufgezeichnet wurden. Als ich am folgenden Tag dann schließlich jemanden zu sprechen bekam, sagte man mir, daß inzwischen alle gestrandeten Tiere erschossen worden seien. Ich habe beim internationalen Tierschutzverband meine Anschrift und Telefonnummer hinterlassen und hoffe, daß man mich beim nächsten Mal rechtzeitig kontaktiert.

Trotz des durch den Salzgehalt positiv geladenen Meerwasser sind Rochen, Octopus, Moränen sowie Langusten und Krebse u. ä. Erdstrahlentiere; Rochen sind sogar fähig, ihre Negativladung zu konzentrieren, so daß sie sogar für Menschen gefährliche, aufleuchtende Elektroschläge austeilen können. Hierbei erinnern wir uns an die Strahlenkonzentration der Schlangen. In unseren Sagen wird über feuerspeiende Drachen berichtet. Auch hier könnte es sich um Drachen gehandelt haben, die durch Konzentration der Erdstrahlen zu aufleuchtenden elektrisierenden Strahlenschlägen fähig waren. Feuer war zwar zu jener Zeit bekannt, jedoch keine Strahlen oder Elektroschläge. Folglich bezeichnete man jene Drachen als feuerspeiend.

In irgendeiner Sendung der Reihe Abenteuer Forschung des Bayerischen Rundfunks wurde über den Gepäckträgerkrebs berichtet, daß er sich aus wissenschaftlich unerklärlichen Gründen Gegenstände, wie z. B. flache Steine auf den Körper auflädt. Mit meiner Fernrute konnte ich den Grund hierzu sofort feststellen. Die Feinde des Gepäckträgerkrebses sind Fische, d. h. Gestirnstrahlentiere. Durch das Auflegen von Gegenständen im kritschen Winkelbereich bewirkt der Krebs in seinem Umfeld Erdstrahlenturbulenzen, die von den Fischen natürlich gemieden werden. Erlauben Sie bitte eine Fortführung des Gedankens.

Wir haben bisher vieles aus der Natur abgesehen, so kopieren Designer für Schwimmkörper, Flugkörper und schnelle Autos die aerodynamischen Formen von Vögeln und Fischen. Aus dem Verhalten des Krebses können wir vielleicht etwas lernen, denn auf eine ähnliche Art müßte für Schiffbrüchige ein Schutz vor Haien möglich sein. Lieber Schmerzen durch Erdstrahlen als gefressen werden.

Übrigens, im Rahmen einer anderen TV-Kultursendung konnte ich einmal die Strahlenverhältnisse beim sogenannten Todeskuß zwischen einer Kobra und einem Fakir untersuchen. Die Kobra, eine der giftigsten und gefährlichsten Schlangen, hat wie alle Schlangen eine starke Negativladung. Bei dem betreffenden Fakir hingegen konnte ich eine starke Astralstrahlung von mehr als zehn Metern feststellen. Auch hier haben wir, wie ich vermute, einen gewissen Schutz, der durch die starke entgegengesetzte Ladung gegeben ist. Bisweilen kommt es vor, so berichtete man, daß der Fakir von einer Schlange gebissen wird, was natürlich den sicheren Tod bedeutet. Ich könnte mir denken, daß dieser Fall nur dann eintritt, wenn durch irgendwelche negative Einflüsse, was schon durch einen Hohlreflektor z. B. durch eine elektrische Strahlerbirne im Bruchteil einer Sekunde oder auch durch andere Störfaktoren möglich ist, die Gestirnstrahlen des Fakirs vorher wegreflektiert bzw. verdrängt wurden.

Es gibt einen Fakir, ich glaube im Zirkus Krone, der mit ausgewachsenen Krokodilen arbeitet. Er richtet seine Finger mit hochgestreckten Armen von oben auf seine Reptilien, bevor er sie anpackt. Er selbst nimmt hierbei keinerlei Erdstrahlen auf, da seine Hände höher sind als sein Körper, zudem ist er ein Gestirnstrahlenmensch. Das Krokodil, seiner natürlichen Negativstrahlung beraubt, fühlt sich nicht wohl und läßt demnach alles mit sich geschehen.

An Fischen läßt sich im lebenden, in gefrorenem, in gebratenem und in gekochtem Zustand noch die äußerst starke Gestirnstrahlung feststellen. Hierbei ist es unwesentlich, ob es sich um Süß- oder Salzwasserfische handelt.

Es ist denkbar, daß man mit Ködern, denen man mittels meiner Torsionstherapie Gestirnstrahlen verabreicht hat, beim Fischen mehr Erfolg hat.

Resultierend kann man für die gesamte Tierwelt folgendes feststellen:

Vergleicht man Fische, Vögel, Säugetiere und Reptilien unserer Epoche, so kann man sagen: „Je erdfreier die Fortbewegungsart, umso geringer ist die Erdverbundenheit, was auch die Erdstrahlenaffinität betrifft."

Anm.: Hier wären die Regenwürmer, die in der Erde selbst leben, die einzige Ausnahme, denn sie sind Erdstrahlenflüchter.

Die Erfolge bei Tieren sind ein unwiderlegbarer Beweis dafür, daß die Schmerzbefreiungen und Heilungen nicht auf einem Placeboeffekt beruhen.

Nahrungsmittel und Sonstiges

Bienen und Bienenprodukte

Unter den sechsfüßigen Insekten wurden in der Auflistung auch die Bienen aufgeführt. Das gleiche betrifft ihre Produkte. Bienenhonig hat eine starke Anziehungskraft für beide Strahlenarten. Geht man z. B. mit einer körperlichen Erdstrahlenladung an einem Glas Honig vorbei, so übernimmt der Honig die Strahlenladung. Ist hingegen der Bienenhonig unter dem Menschen plaziert, so wandert seine gesamte Ladung blitzschnell nach oben in den Menschen. Dies mag der Grund sein, daß Imker so gut wie nie an Krebs erkranken. Imker sollten demzufolge den Honig möglichst hoch lagern und beachten, daß sie die Honigbehälter, die sie evtl. notgedrungen unter ihren Wohnräumen lagern müssen, durch Einschlagen in Alufolie gegen Erdstrahlen abschirmen.

Echte Bienenwachskerzen und andere Zierprodukte (Engel u. dgl.) aus Wachs haben die gleiche Eigenschaft und können enorme Aufladungen speichern, die durch ihre Abstrahlung die Astralstrahlung der Hausbewohner zerstören können, daher sollte man sie aus dem Wohnbereich grundsätzlich verbannen. Gewiß, zum Abtöten von Krankheitskeimen und Viren z. B. im Hals-Rachenbereich ist Honig vorzüglich geeignet. Auch bei Übersäuerung des Magens kann durch die Negativstrahlung des Honigs die Strahlung des pH-Wertes verändert werden, sodaß sie in den günstigen Bereich zwischen 6,1 und 7 gelangt. Hieraus müßte man schließen, daß sich die Bienen durch die starke Negativladung ihres Honigs selbst umbringen. Dem ist jedoch nicht so, denn sie kleiden ihren Stand von innen mit Propolis aus, das eine starke positive Strahlung hat. Dieses Propolis ist ebenfalls in Apotheken erhältlich. Es stärkt durch seine Anziehungskraft auf die Gestirnstrahlen das Immunsystems.

Süßt man einen Tee mit Honig, so liegt wiederum ein anderer Sachverhalt vor. Einem Liter, d.h. eintausend Gramm Wasser gibt man zum Süßen wenige Gramm Honig zu. Nun will sich die gesamte Teemasse aufgrund der oben geschilderten Strahlenaffinität genau so stark aufladen wie der Honig. Hierbei entzieht sie dem Körper Erdstrahlen, die sodann über den Urin ausgeschieden werden. Es ist etwa auch dieselbe Wirkung, wie sie Rheumamittel haben, nur werden diese nicht so schnell wieder ausgeschieden wie die Flüssigkeit. Dies macht deutlich, daß man den Tee nach der Honigzugabe entweder direkt trinken, oder bis zum

Trinken in einem abschirmenden Gefäß, z. B. aus Edelstahl aufbewahren muß, damit er sich nicht schon vor dem Trinken mit Erdstrahlen aus dem Umfeld sättigt.

Nüsse

Alle Nüsse haben eine starke Negativladung, die sich sogar turbulenzartig in alle Richtungen ausbreitet. Bei meiner Blätter- und Bütentherapie kann man sich statt des Blattes einer Gestirnstrahlenpflanze auch das Blatt eines Walnußbaumes auf den Kopf bzw. die Schmerzstelle legen, doch muß das Nußblatt **umgekehrt, d. h. mit der Oberseite nach unten** aufgelegt werden.

Ißt man vor dem Zubettgehen Nüsse, so liegen diese schwer im Magen und man kann mit Schlafstörungen rechnen, denn die Erdstrahlen können nicht entweichen, da dem liegenden Körper der Richtcharakter nach oben fehlt. Die starke Negativstrahlung von Nüssen bekommen vor allem Männer mit Prostata- und Frauen mit Unterleibsleiden zu spüren, denn durch die starke Erdstrahlenladung, die sich auf dem Weg bis zum Mastdarm stark angereichert hat, werden die Organe sehr starken Strahlen ausgesetzt. Patienten mit derartigen Unterleibskrankheiten werden meistens alleine schon durch Meidung und Beseitigung der Nüsse schlagartig beschwerdefrei. Beim Wurmbefall jedoch könnte ich mir eine positive Wirkung der Nüsse vorstellen, denn Würmer fliehen vor Erdstrahlen. Lassen Sie mich eine Parallele aufzeigen. Sumpft man Nußbaumblätter mehrere Tage ein und gießt das Wasser über eine wurmbefallene Erde, so kommen die Würmer schnellstens nach oben. (Ein Tip für Fischer, doch sollten sie die aufgenommene negative Ladung der Würmer durch meine Discustherapie ins Positive umwandeln, sonst werden die Köder von den Fischen nicht angenommen.)

Übrigens, wenn Sie an Ihren Körper die Stelle des Mageneinganges genau bestimmen wollen, stellen Sie sich vor den Spiegel und stellen Sie die Strahlenfreiheit Ihres Magens fest. Sodann kauen Sie eine Nuß. Sobald Sie den Speichel runterschlucken, kreuzt sich die Fernrute beim Anvisieren des Magens präzise beim Mageneingang.

Ein junger Mann konnte nie Nüsse vertragen, denn schon eine einzige Nuß löste im Mund-Rachenbereich starke Verkrampfungen mit Schaumbildung und Schluckbeschwerden aus, sodaß sogar die Artikulation beim Sprechen deutlich nachließ, was auf eine Bewegungseinschränkung der Zunge schließen läßt. Nachdem ich die Wohnung entstörte und er sich einen Stirnpunkt mit meiner Astral-Creme gemacht hatte, berichtete er hierüber. Sodann verzehrte er eine Handvoll Walnüsse, ohne daß sich irgendwelche Beschwerden einstellten.

Ein Altbürgermeister mit einem Prostataleiden empfand jedesmal, wenn er sich dem Schreibmaschinentisch näherte, ein eigentümliches Streßgefühl. Er hatte Haselnüsse in der Schublade, die er je nach Lust beim Schreiben verzehrte. Nach Beseitigung der Haselnüsse waren die Prostatabeschwerden und das Streßgefühl schlagartig verschwunden.

Karotten und Schwarzwurzeln

Da Karotten allgemein ärztlich empfohlen werden, lassen Sie mich deren Wirkung bitte an einem praktischen Fall verdeutlichen. In unserer Tageszeitung war im letzten Herbst ein Spendenaufruf für ein fünfjähriges Mädchen aus dem Saargebiet, das an Leukämie erkrankt war. Dem Mädchen räumte man nur noch eine dreimonatige Lebensschane ein, wenn kein geeigneter Knochenmarkspender gefunden wurde. Ich rief die Eltern an, was in der Regel nicht möglich ist, da in derartigen Fällen sofort eine Abschirmung durch die betreffenden Selbsthilfeverbände erfolgt. Ich erklärte den Eltern, daß ich am Zeitungsbild des Mädchens neun Meter starke Erdstrahlenladungen in den beiden Beinen feststellen konnte. Die Eltern sagten mir daraufhin, daß das Mädchen wegen unerträglicher Schmerzen in den Beinen Tag und Nacht weinen würde und seit Tagen überhaupt nicht mehr laufen könne. Bei Erwachsenen werden die Blutkörperchen in den roten Plattenknochen produziert, da sich in den Röhrenknochen inzwischen weißes Knochenmark gebildet hat.

Bei Kindern hingegen werden die Blutkörperchen in den Röhrenknochen, vor allem der Beine produziert. Bei einem ständigen Reiz durch Erdstrahlen werden vermehrt weiße Blutkörperchen – die Polizisten des Blutes – produziert, die aber noch im unreifen Zustand ausgestoßen werden. Durch die Überzahl der unreifen weißen Blutkörperchen (Leukozyten) haben die roten Blutkörperchen, sogenannte Erythrozyten keine Chance. So kommt es zur Anämie und Leukämie. Man bezeichnet dies in der Medizin als eine Linksverschiebung des Blutes. Bei einer Fernuntersuchung des Hauses stellte ich überwiegend im Schlaftrakt ausgedehnte Strahlenflächen in vorgenannter Stärke fest. Man sagte mir, daß man schon immer Strahlen vermutet habe, da alle seit dem Bezug des

Hauses sehr krank seien, auch sei der Schwiegervater im vergangenen Jahr im gleichen Haus an Krebs gestorben. Nach der Hausentstörung, die ich zwei Tage später vornahm, waren die Schmerzen des Mädchens schlagartig verschwunden und es konnte wieder beschwerdefrei gehen. Die Schwiegermutter, die jahrelang an Rheuma litt, war glücklich, ebenfalls schmerzfrei zu sein. Auch die Eltern des Mädchens spürten die positive Veränderung.

Durch die Hausentstörung und die täglichen Gestirnstrahlentherapien, wie sie in meinem Buch „Gottes Gestirnstrahlen" beschrieben sind, ging es dem Mädchen von Tag zu Tag besser, und die Intervalle der Blut- und Thrombenübertragungen konnten schon bald verlängert werden.

In einer Nacht im darauffolgenden Jahr, in dem das Mädchen nach ärztlicher Prognose schon längst tot hätte sein müssen, rief man mich gegen 4 Uhr an, da das Mädchen so starke Schmerzen hatte, daß es nicht einschlafen konnte. Ich vermutete, daß auch diesmal, wie einige Wochen zuvor, das Spenderblut durch Erdstrahlen belastet gewesen sei, was aber die Mutter des Mädchens nicht für möglich hielt, da sie nach dem damaligen Fall jedes Spenderblut mit meiner Fernrute untersuchen würde, so auch an diesem Tag. Als ich anschließend das Mädchen über Telefon auf Erdstrahlen untersuchte, stellte ich im Magenbereich eine starke Erdstrahlenbelastung von ca. 7 m fest. Auf meine Frage, was es gegessen habe, stellte sich heraus, daß es zum Abendessen gekochte Karotten gab. Die Überprüfung des Karottenrestes bestätigte die Vermutung, daß Karotten starke Erdstrahlen haben. Nach meiner Discustherapie auf dem Magen und einer anschließenden Torsionstherapie von ca. 10 Sekunden schlief das Mädchen sodann schmerzfrei ein. Spontan nach diesem Erlebnis, noch bevor ich selbst wieder einschlafen konnte, fiel mir die Parallelität zu den Nußblättern und den Würmern ein. Wenn nämlich Kinder Spulwürmer haben, sollen sie rohe oder gekochte Karotten essen. Nach dieser Erkenntnis untersuchte ich auch andere Wurzelgemüse und stellte bei Schwarzwurzeln den gleichen Sachverhalt fest. In den USA habe ich weitere Gemüsearten mit starker negativer Strahlenwirkung festgestellt. Es sind Collard Green und Rudebager. Ich berichtete bereits darüber. Übrigens, gegen Wurmbefall haben auch Kürbiskerne eine ausgezeichnete Wirkung. Diese haben, genau wie die verschiedenen Squasharten eine starke positive Strahlung von ca. 7 m.

Lassen Sie mich noch auf einen weiteren Zusammenhang mit Wurmbefall hinweisen. Man sagt, daß Befallene meistens in der Nase bohren. Auf diese Weise können Wurmeier (unter den Fingernägeln) in den Verdauungstrakt gelangen. Beim Kratzen am Anus durch die Wurmreizung gelangten diese unter die Fingernägel. So ensteht ein regelrechter Kreislauf im Wurmbefall, was verhindert werden muß.

Zigarettenrückstände und Asbest

Über die Wirkung von Zigarettenrückständen auf Erdstrahlen habe ich oben berichtet, desgleichen über Asbest. Durch die Fähigkeit zur Speicherung starker Ladungen, welche einen ständigen Reiz auf die anliegenden Zellen ausüben, sind diese Stoffe als höchst gesundheitsschädlich einzustufen.

Amalgam

Bei der Verwendung von Amalgam als Zahnersatz gehen die Meinungen der Fachleute stark auseinander. Amalgam ist eine Quecksilber-Silber-Verbindung, d.h. ein Metall. Ohne die Aufladung mit Erdstrahlen, was sowohl über einem Erdstrahlenfeld, als aber auch durch Nahrungsmittel wie Nüsse, Karotten etc. geschehen kann, wird Amalgam unschädlich sein, wenn zudem keine starken Säuren durch Salz bzw. Zucker eine übermäßige Oxidation bewirken.

Beim Vorliegen einer Aufladung mit Erdstrahlen, d.h. bei Einwirkung einer Energie oder durch eine chemische Reaktion kann sich dies jedoch grundsätzlich ändern, da hierbei Oxidationen entstehen können, die in den Körper ausgeschwemmt werden.

Konzentrierter Alkohol, Säuren und Laugen

Konzentrierter Alkohol, der durch Destillation entstanden ist, sowie starke Säuren mit einem pH-Wert unter 6,0 und starke Laugen mit einem pH-Wert über 8,0 bilden strahlentote Räume, d.h. sie verdrängen die lebensnotwendigen Gestirnstrahlen. Werden Gehirnzellen längere Zeit wegen Alkohols nicht von Gestirnstrahlen durchflutet, so sterben diese ab. Der gleiche Sachverhalt liegt bei der oben erwähnten Alzheimer Krankheit vor, die hauptsächlich bei alten Menschen auftritt, welche nur ungenügende Zeit aufgerichtet sind, denn im Liegen hat ihr Körper nur eine unzureichende Antennenwirkung für die Gestirnstrahlen. Auch epileptische Anfälle und Infarkte haben die gleiche Ursache und treten daher in der Regel nach einer größeren Ruhepause, d.h. am arbeitsfreien Wochenende zwischen Sonntag auf Montag gegen Morgen auf, wenn die letzten Gestirnstrahlen aufgebraucht sind.

Bei starkem Kochsalzgenuß (NaCl) und dabei zu geringer Flüssigkeitsaufnahme entsteht im Magen eine überstarke Säurekonzentration. Hierdurch werden die Gestirnstrahlen zurückgedrängt, die im Normalfalle die Funktion des Sinusknotens unterstützen, welcher der Schrittmacher für die Pumptätigkeit des Herzens ist. Die Folge sind Herzrhythmusstörungen und Bluthochdruck. Bei einer Übersäuerung im Verdauungsapparat wird die natürliche Darmflora abgebaut, sodaß der Speisebrei unverarbeitet in allmähliche Fäulnis übergeht, wobei Faulgase entstehen.

Hat man am Abend größere Mengen an Obst, z.B. Äpfeln gegessen, so ist im Verdauungsapparat eine Vergärung derselben zu Alkohol möglich. Das Gesicht gleicht in diesem Fall dem von Alkoholikern.

Starke Säuren und Laugen bilden eine Unterbrechung in der Astralstrahlung, wobei sich in den darüber befindlichen Körperpartien die Strahlen anstauen, während sie unterhalb der Störstelle meistens fehlen. Sogar am Apfelsaft für Babys konnte ich eine strahlentote Wirkung feststellen, kein Wunder, wenn Babys Blähungen bekommen und schreien. Jeden Fruchtsaft sollte man daher vorsorglich im Verhältnis 1:3 mit Wasser verdünnen. Aus diesem Grunde sollte man bei problematischer Verdauung bzw. Verdauungsstörungen den pH-Wert des Urins mittels Reagenzpapierstrips, welche rezeptfrei in Apotheken zu haben sind, überprüfen. Durch vermehrtes Trinken von Wasser, sodaß die Konzentration verdünnt wird oder durch entsprechende alkalische Nahrungsmittel läßt sich der pH-Wert bei Daueranwendung korrigieren. Kurzfristig kann man die strahlenverdrängende Wirkung einer Übersäuerung durch eine angemessene Anzahl von Linkskreisen über der betreffenden Körperstelle (meine Torsionstherapie), bzw. mittelbar durch Auflegen eines Discus über dem man Linkskreise ausgeführt hat, in eine positive Strahlung umwandeln. Danach sollte man mehrmals am Tage meine Discustherapie an den Füßen durchführen, indem man sich auf ein Blatt Papier stellt, dieses sodann nach vorne einmal umwendet und sich danach nochmals daraufstellt. Anschließend muß das Papierblatt durch mehrmaliges Umwenden – stets auf derselben Unterlage – neutralisiert werden. Näheres in „Gottes Gestirnstrahlen“. Schließlich kann die Störung im Verdauungssystem auch auf eine Pilzinfektion (Candida) zurückzuführen sein, die allerdings ausschließlich durch eine medizinisch-technische Stuhluntersuchung diagnostiziert werden kann. Sie tritt vor allem nach Antibiotikabehandlungen auf, da sich erfahrungsgemäß danach die Pilze auf Kosten der Darmflora vermehren.

Noch etwas zum Alkohol: Bier und Wein sind, wenn in vernünftigen Mengen genossen, im allgemeinen für Erwachsene nicht gesundheitsschädlich. Da jeder Alkohol das Wachstum beeinflußt, sollte er für Jugendliche grundsätzlich tabu sein. Bier und Wein wirken sich, wenn keine anderweitige Streßsituation vorliegt, bei maßvollem Genuß als entspannend, versöhnend und unterhaltend aus. Trinker konzentrierter Alkohole hingegen neigen zu Aggressionen und Depressionen, sodaß Anfeindungen und Tätlichkeiten nicht selten sind. Trotzdem kann ein Schluck konzentrierter Alkohol bei der ersten Ankündigung einer Erkältung z. B. im Halsbereich nützlich sein, da durch die strahlenverdrängende Wirkung Viren und Bakterien abgetötet werden, was auch bei der Sterilisation durch Alkohol geschieht. In vereinzelten Fällen kann konzentrierter Alkohol auch einen schmerzlindernden Effekt haben, vor allem in den Fällen, in denen die Schmerzen auf Erdstrahleneinfluß zurückzuführen sind, jedoch bei Daueranwendung stellt sich ein empfindlicher Mangel an Gestirnstrahlen ein, was sehr gesundheitsschädlich ist.

Farben

Es ist bekannt, daß die uns erscheinenden Farben Teile des Lichts sind, das sich aus allen Farben des Spektrums zusammensetzt. Mit Prismen und Sammellinsen läßt sich dies physikalisch nachweisen. Erscheint uns ein Gegenstand rot, so bedeutet dies, daß alle Spektralfarben von dem Gegenstand aufgenommen, d.h. geschluckt werden, außer der roten Farbe. Deshalb heizen sich dunkle Gegenstände unter Sonneneinwirkung mehr auf als helle, was wir z. B. in der Technik und Kleidung berücksichtigen und uns zu Nutze machen. Auch ist bekannt, daß Farben einen psychischen Effekt auf uns haben. So unterscheiden wir warme Farbtöne wie Rot, die auf uns zukommen. Rote Räume erscheinen uns wärmer und kleiner, wogegen blaue Farbtöne kalt wirken. Blaue Räume erscheinen uns kälter und größer. Auch hat man herausgefunden, daß grüne Farben die Arbeitsfreude steigern, weshalb man in Klassenräumen überwiegend grüne Farbtöne benutzt. Als Grund hierfür soll Grün eine erholende Wirkung auf das Auge haben.

Wie ich oben bereits erwähnt habe, hat Grün eine anziehende Wirkung auf Gestirnstrahlen. Auch berichte ich darüber, daß man über die Augen Strahlen sogar aus großen Entfernungen aufnehmen kann. Demzufolge sehe ich den positiven Effekt hierin begründet und dieser wirkt sich nicht nur auf das Auge, sondern auf den gesamten Körper aus.

Rote Farbtöne haben bei bestimmten Licht eine Anziehungskraft für negative Strahlen. So kann z.B. ein bläulich getöntes Rot eines Morgensrocks bei normalem Tageslicht und bei Glühbirnenlicht völlig ungefährlich sein, während es bei Gewitterneigung oder bei Neonlicht den Träger stark mit Erdstrahlen auflädt.

Ein knallroter PKW nimmt bei normalem Tageslicht so starke Erdstrahlenladungen auf, daß hierbei nicht nur die Insassen geschädigt werden, sondern beim Parken auch die Anlieger. Ich hatte einen Fall, wo eine Frau jedesmal beim Besuch ihres Sohnes Schmerzen bekam, was sogar nicht ausblieb, wenn der Sohn von seiner Erdstrahlenladung befreit wurde. Über Telefon stellte ich schließlich fest, daß die starke Erdstrahlenaufladung des roten PKW durch die Außenwände hindurch Aufladungen im Hause bewirkte. Selbstverständlich werden hierbei auch die Körperstellen aufgeladen, die noch nicht strahlenimmun sind, was sogar über die Augen auf weite Distanzen möglich ist. Dies wäre für die Autoindustrie ein hinreichender Grund, zukünftig rote Farbtöne zu vermeiden. Auch die Bekleidungsindustrie sollte dies beachten, während Rot zur Kennzeichnungen von Gefahren angebracht ist. Gelblich getönte Rotfarben haben den gleichen negativen Effekt bei Glühbirnen- oder Kerzenlicht. Blaue Farbtöne haben bei bestimmtem Licht eine strahlenverdrängende Wirkung, wodurch strahlentote Räume entstehen.

In den USA hat man festgestellt, daß aus unerklärlichen Gründen rote Fahrzeuge wesentlich häufiger in Unfälle verwickelt sind als Fahrzeuge anderer Farben. Aus diesem Grund wurden die Prämien für rote Kraftfahrzeuge empfindlich erhöht.

Meinen Erkenntnissen zufolge werden nicht nur der Fahrer und die Insassen des betreffenden roten Wagens durch die Strahlenbelastung gefährdet, sondern auch andere Verkehrsteilnehmer, welche die negativen Strahlen über die Augen aufnehmen.

Durch Einbringen eines Entstörzylinders von Dieter Eissner, Bad Kreuznach, sind rote Kraftfahrzeuge zu entstören.

„Radiästhesie" – Realität oder Hokuspokus

Ich hoffe, daß ich Sie mit meinem Erkenntnissen nicht gelangweilt habe, doch um dem Titel gerecht zu werden, soll dieses Buch nicht der Unterhaltung dienen, sondern das Wissen erweitern und dies auf einem Gebiet, das bisher noch unerforscht und von der Wissenschaft stark umstritten ist.

Nachdem Sie meine Berichte gelesen haben und hoffentlich mit Überzeugung für wahr halten, werden Sie sich zu recht fragen, wie bei solch einem erdrückenden Beweismaterial überhaupt noch ein Zweifel an der Existenz der Erdstrahlen bestehen kann.

Nun, in der Vergangenheit wurden viele Menschen bewußt oder unbewußt mit angeblichen Entstörgeräten betrogen, die entweder überhaupt keinen Effekt zeigten oder deren kurzfristig positiver Effekt nach der eigenen Aufladung häufig sogar in einen negativen umschlug.

Als Folge davon distanzierten sich die Verbände der Radiästheten von Entstörmaßnahmen jeder Art und empfahlen, den Strahlen auszuweichen, d.h. Mobilar umzustellen bzw. Räume umzufunktionieren. Dies könnte man mit gewisser Einschränkung gelten lassen, wenn die Menschen auf der Erde schlafen würden und zudem keinen Hausrat hätten, doch beim Umstellen werden auch die Störfaktoren mit umgeräumt, welche die Strahlen aus weiten Entfernungen einholen und bei Übersättigung abstrahlen, aber auch abbiegen, reflektieren und sogar konzentrieren können. Außerdem kann es passieren, daß sich Strahlenfelder entweder durch Verlagerung der Wasserader oder auch schon durch Veränderung des Wasseruntergrundes verschieben. Näheres hierüber in meinem Buch „Die perfekte Hausentstörung". Da auf diese Weise die strahlenfreie Fläche nichts Konstantes ist, wurden die Möbel oft auf Anraten verschiedener Radiästheten hin- und hergerückt und hierbei natürlich auch oft zurück auf solche Stellen, wo sie vorher schon gestanden haben. Kein Wunder, daß in Unkenntnis der Störfaktoren und ihrer Wirkung die widersprüchlichen Aussagen der Radiästheten über Strahlenfelder bei den Kunden schließlich zu Unsicherheit und Mißtrauen geführt haben, die Radiästhesie in Verruf geraten ist, und daß man den Radiästheten in weiten Kreisen sogar Hokuspokus unterstellt hat.

Wissenschaftler mehrerer Länder, die aber von den Leistungen der Radiästheten z.B. beim Aufsuchen von Wasserbrunnen etc. überzeugt waren, versuchten das Phänomen der Erdstrahlen zu klären und der Radiästhesie zum Durchbruch und zur Anerkennung zu verhelfen. Leider schlugen diese Versuche bisher fehl, da man in Unkenntnis der Grundgesetze solche Experimente durchgeführt hat, die nicht den natürlichen Gegebenheiten entsprechen. Den Gegnern der Radiästhesie, d.h. der symptombekämpfenden (nicht ursachenbekämpfenden) Schulmedizin und der Pharmaindustrie waren diese Mißerfolge dienlich, und unsere Medien, die leider auch überwiegend im gegnerischen Lager angesiedelt sind, berichteten bereitwilig darüber, sodaß das Echo wiederum negativ ausfiel. Ich hoffe, daß durch meine Bücher und sonstigen Veröffentlichungen, durch meine Vorträge und Seminare im In- und Ausland, sowie durch die Mund zu Mundpropaganda zufriedener und geheilter Menschen der Radiästhesie bald zum verdienten Durchbruch verholfen wird.

Lassen Sie mich zu dem Thema abschließend noch einen Vergleich bringen. Wenn Ihr Dach undicht ist, sodaß es an mehreren Stellen in die Wohnung regnet, so gibt es mehrere Möglichkeiten der Abhilfe. Man kann die Möbel so umräumen, daß diese und man selbst vor Schaden bewahrt bleiben. Auf dem Boden wird sich das Wasser ja nach Gefälle verschieben bzw. ausbreiten. Diese Situation entspricht dem Ausweichen der Erdstrahlen, wie es leider meistens praktiziert wird. Es wird hin- und hergeräumt und oft sogar auf die ehemaligen Plätze. Die widersprüchlichen Meßergebnisse der einzelnen Radiästehen, die die Störfaktoren unberücksichtigt lassen, bewirken Mißtrauen.

Das ständige Aufwischen und Trocknen entspricht der Symptombekämpfung durch die Schulmedizin. Von Zeit zu Zeit wird hierbei eine Generalüberholung der Feuchtigkeitsschäden notwendig, welche dann einem Kuraufenthalt entspricht. Bekämpft man aber die Ursache, d.h. dichtet man das Dach ab und belüftet man anschließend, sodaß alles trocknen kann und auch trocken bleibt, so entspricht dies der „perfekten Hausentstörung“ und der anschließenden Gestirnstrahlendurchflutung bei Verabreichung der erforderlichen Aufbaustoffe.

Die Wirkmechanismen von Rute, Pendel und Diagnoseschleife

Die Fernrute

Meine Fernrute ist eine Weiterentwicklung der Winkelrute. Bei der Winkelrute wird ein Teil der Strahlen von den Füßen aufgenommen, sodann über den Körper und die Arme in die Rute weitergeleitet. Sobald nun die Ruten mit ihrer negativen Ladung an den senkrecht aufsteigenden Hauptstrahl treffen, werden sie wegen der gleichnamigen Ladung abgedrängt, sodaß eine Rutenkreuzung entsteht. Hebt man einen Fuß an, oder richtet man ihn zur Seite, sodaß das Strahlenfeld nicht mehr angepeilt wird, so öffnet sich die Rutenkreuzung. Meine Fernrute bedarf der Füße nicht, da sie durch den unteren kurzen Rutenbügel einen Teil der Strahlen aufnimmt und über das senkrechte Griffstück und den oberen langen Bügel wieder auf den Hauptstrahl zurückrichtet. Weil sich nun beide gleichnamigen Ladungen abstoßen, kommt es zu einer Rutenkreuzung. Übungen am besten über einem Glas Honig oder über einer Wassersäule, wobei die beiden Füße bei Anfängern genau in Richtung auf den Untersuchungsgegenstand stehen müssen. Bleibt die Rute geschlossen, so liegen Erdstrahlen vor. Pulsiert sie, d.h. kreuzt und öffnet sie sich ständig, so liegen Gestirnstrahlen vor, die sich regelmäßig nach der negativ geladenen Erde abbauen. Die Intensität der positiven Astralstrahlung kann man mit quergehaltener Rute messen. Im Bereich der Astralhülle pulsiert sie, an der Grenze (Strahlenbalken) bleibt die Rute geschlossen und bei weiterem Abstand bleibt die Rute offen. Die Intensität negativer Erdstrahlenladungen kann man erst nach der Umwandlung in positive Gestirnstrahlen messen. Diese Umwandlung erfolgt mit meinem Discusverfahren. Man legt einer Person eine Scheibe, z.B. Papier auf den Kopf und wendet sodann die Scheibe um. Das Messen erfolgt wie oben beschrieben. **Pendel** werden von den rechtsdrehenden Gestirnstrahlen in Rechtsdrehung versetzt, die durch die aufgeladenen Pendeldrehungen selbständig verstärkt werden. Erdstrahlen haben zwar auch Rechtsdrehung, doch von oben gesehen Linksdrehungen, daher werden Pendel von Erdstrahlen in Linksdrehungen versetzt, die ebenfalls durch den Pendeleffekt ständig verstärkt werden.

Driften die beiden Rutenschenkel auseinander, so liegt eine Strahlenverdrängung bzw. ein strahlentoter Raum vor.

Die Diagnoseschleife

Sie dient zum Messen der Astralstrahlen, die man auch Aura nennt. Sie funktioniert nur, wenn der Schleifenführer selbst genügend Gestirnstrahlen besitzt, denn seine Gestirnstrahlen gehen von der oberen Fingerkuppe durch die Diagnoseschleife zu der unteren Fingerkuppe. Lediglich an der Spitze der Schleife werden die Gestirnstrahlen, deren Richtung von oben nach unten verläuft, durch die entgegengesetzte Aufwärtsrichtung abgebremst.

Sobald die Schleifenspitze nun an die ebenso positiv geladene körperliche Astralstrahlung eines Menschen anstößt, die ihn wie eine Hülle umgibt, wird sie wegen der gleichnamigen Ladung abgedrängt.

Tritt der Schleifenführer fest mit beiden Füßen auf, sodaß er seine Gestirnstrahlen wegschießt, so zeigt die Diagnoseschleife vorerst keine Wirkung mehr, bis sich die Astralstrahlung bei ihm wieder aufgebaut hat.

Sowohl mit quergehaltener Fernrute als auch mit der Diagnoseschleife gelangt man zu den gleichen Meßergebnissen, jedoch zum Aufsuchen von Lücken in der körperlichen Astralstrahlung eignet sich für Anfänger besser die Diagnoseschleife.

Die Effekte dieser Geräte, die ebenfalls unbekannt waren, wurden durch mich geklärt.

Beim mentalen Pendeln etc. schaltet man den durch den Willen beeinflußbaren Geist ab und stellt die betreffende Frage, wobei man einer bestimmten Pendelbewegung (Kreisen, Pendeln oder Stehen) die entsprechend vorher festgelegte Antwort zuordnet.

Drei unlösbare Geheimnisse

1. Was heißt sozial und was bedeutet es?

Das Wort sozial stammt aus dem Lateinischen und ist eine Ableitung von socius = der Gefährte. Demnach könnte man sozial als gemeinnützig übersetzen.

Da ich dieses Manuskript in den USA schreibe, habe ich kein Wörterbuch zur Hand, woraus ich die wissenschaftliche Definition entnehmen könnte. Andererseits hat der viele tausend Kilometer Abstand zu Europa den Vorteil, daß man aus der Distanz viele Dinge klarer sieht.

Wie ich oben berichtete, wurde ich vom Verband sozialer Wettbewerb e.V., Berlin, aufgefordert, eine vorgefertigte Unterlassungserklärung zu unterzeichnen, wonach ich bei jeder Zuwiderhandlung, ob durch eigene oder auch andere, eine Summe von bis zu 500.000,- DM an diesen sozialen Verein zu zahlen hätte. Hiernach dürfte ich nicht einmal mehr die zu beachtenden Installationsregeln und Wirksamkeit meiner Geräte bekanntgeben. Sogar der schriftlich oder mündlich erteilte Rat, daß man durch Hochstoßen beider Hände mit gestreckten Fingern die Erdstrahlen wegschießen kann, wäre mit der gleichen Strafe belegt worden, obwohl hiervon doch wirklich niemand einen Schaden gehabt hätte, und woran ich mich auch keinesfalls hätte bereichern können. Natürlich konnte ich eine solche Erklärung nicht abgeben, woraufhin ich von dem gleichen Verein verklagt wurde. Zur Verhandlung fuhr ich nach Berlin und durfte die Existenz der Strahlen in Experimenten demonstrieren, sodaß ich von einem guten Ausgang überzeugt war. Auch mein Anwalt Prof. Dr. Hertin war der gleichen Meinung, zumal der vorsitzende Richter meine Experimente anerkennend würdigte und von einem Vergleich sprach, den aber mein Rechtsanwalt aufgrund meiner überzeugenden Experimente am Ende der Verhandlung abgelehnt hatte. Nun lag in Sachen „Erdstrahlen" bei der übergeordneten Kammer des gleichen Gerichtes ein vier Monate altes Urteil gegen eine andere Firma vor, die in Bezug auf den Nachweis über die Existenz der Edstrahlen aber nichts unternommen hatte. Auch hier war der Kläger wie in meiner Sache der Verband sozialer Wettbewerb, e. V. Berlin. Mit großem Befremden, wie auch seitens meines Rechtsanwaltes, nahm ich nach einigen Wochen Kenntnis von dem in meiner Sache ergangenen unerwarteten negativen Urteil, wonach ich bei Zuwiderhandlung 500.000,- DM Ordnungsstrafe zu erwarten hatte. Selbstverständlich hatte ich als Verlierer sämtliche

Gerichts- und Anwaltskosten zu zahlen. Trotzdem legte ich Berufung ein. Da die Berufungsverhandlung der nächsten Instanz ca. 2,5 Jahre später, mitten in eine geplante Vortragsreise durch die USA fiel, bat ich um Terminverlegung, wogegen der Kläger Widerspruch erhob, und die daraufhin vom Gericht abgelehnt wurde. So mußte ich nach einem einzigen Vortrag beim Jahreskongreß der American Society of Dowsers zur Verhandlung nach Berlin zurückfliegen, und danach wieder zurück in die USA, um meinen weiteren Vortragsverpflichtungen nachzukommen. Bei dieser Verhandlung wurde sodann ein Vergleich abgeschlossen, da die Existenz der Erdstrahlen wissenschaftlich noch umstritten ist. Sie können versichert sein, daß es mich nicht im geringsten bekümmert, wie weit der Erkenntnisrückstand der Wissenschaft auf diesem Gebiet ist. Bekümmert hat mich lediglich die Tatsache, daß ich auch diesmal die gesamten Gerichts- und Anwaltskosten zu tragen hatte. Natürlich muß ich diese Kosten, genau wie zuvor geschehen, auf die Geräte umlegen. Doch lassen Sie mich weiter berichten.

Ein vermeintlicher Freund aus meiner Heimatstadt, der selbst und auch seine Ehefrau viele Jahre sehr krank gewesen ist, dann aber nach meiner Entstörung seines Wohnhauses bald gesundete und daraufhin sogar meine Geräte bei seinen Kunden anfangs mit Erfolg selbst verlegte, wollte als Trittbrettfahrer partizipieren, indem er die Geräte für seine Kunden des schöneren Aussehens wegen – wie er vorgab – in Marmorkästen einbetonierte. Auf eine Langzeiterprobung verzichtete er scheinbar, sonst hätte er feststellen müssen, daß durch den unteren Betonboden die Wirkung der Geräte verloren geht. Nun probierte er – wieder direkt bei seinen Kunden – den Betonboden wegzulassen. Nach dem Weglassen desselben stellte sich aber heraus, daß nun sogar gefährliche Erdstrahlenturbulenzen auftraten, welche durch den Glockeneffekt des umgestülpten Marmorkastens bewirkt wurden. So brachte er mir die von seinen Kunden zurückgenommenen Geräte nach etwa einem Jahr mit Betonresten beschmutzt zurück, worauf ich ihn bat, dieselben in gereinigtem Zustand zurückzugeben. Einige Tage danach brachte er sie erneut vorbei, doch nun stellte ich fest, daß einige davon handwerklich nachgebaut waren. Eines der Geräte hatte sogar noch die Fertigungsaufrisse. Ich nahm meine Geräte zurück, verweigerte aber die Annahme der Fälschungen und bat ihn, Nachforschungen anzusteellen, wer ihm diese Geräte zurückgegeben habe, da er mir gegenüber versicherte, mit dem Gerätefälschungen nichts zu tun zu haben. Man sagt oft, daß der Angriff die beste Verteidigung ist. Im vorliegenden Fall konnte man sogar zwei Fliegen mit einer Klappe schlagen. So ließ er mir nach dem Berliner Strickmuster, von dem er durch mich Kenntnis erlangt hatte, von einem Rechtsanwalt eine vorgefertigte Unterlassungserklärung zustellen. Bei jeder Zuwiderhandlung sollte die Strafe in diesem Falle DM 1000,- sein. Wenn Hyänen wittern, daß ein Löwe ein Wild geschlagen hat, nähern sie sich von allen Seiten, um einen Anteil zu erhaschen. Auch für diesen Fall mußte ich wieder einen Rechtsanwalt in Anspruch nehmen, sodaß auch diese Kosten sich wieder auf die Gerätepreise niederschlugen. Zur Klage kam es in diesem Falle nicht.

Nun gibt es in Kärnten, Österreich, einen Landwirt, der genau wie in dem soeben geschilderten Fall eine starke Strahlenbelastung in seinem Hause hatte, sodaß er selbst, seine Frau sowie die nächsten Familienangehörigen, die alle auf dem Hof lebten, seit Jahren sehr krank waren, was mir schriftlich bestätigt wurde. Nach der Installation meiner Geräte gesundeten sie nach und nach, sodaß auch diese sich entschlossen, **weiteren Menschen** durch meine Strahlenschutzgeräte **zu helfen**, so hat man damals argumentiert. Als Entstörungsteam besuchten sie mit ihrem Campingbus die Messen in Kärnten und in der Steiermark und priesen meine Geräte, die mit einem Goldsiegel versehen sind, sowie meine Bücher an. Sie waren rege, und so erteilte ich ihnen ohne die geringste Sicherheitsleistung Gebietsschutz für die österreichischen Postleitzahlen 9000 bis 9999. Schon kurz danach bat man mich um Zahlungsaufschub für die einige Monate zuvor gelieferte Ware, da der Hof verschuldet sei und eine Zwangsversteigerung drohen würde. Entgegenkommender Weise ließ ich demzufolge die Zahlungsrückstände sogar noch weiter auflaufen, sodaß mittlerweile eine Summe von nahezu 10.000,- DM mehrere Monate offenstand. Zwischenzeitlich hatte das Team beim österreichischen Patentamt eine **Schutzmarke für die Dienstleistung** beantragt, die auch erteilt wurde. Auch wurde im gleichen Zeitraum ein Familienwappen für ca. 8.000,- DM erworben, wie ich später erfahren habe. Als nun durch die oben geschilderten Gerichts- und Anwaltskosten mein Preis pro Strahlenschutzkeil, der ein ganzes Haus mit 400 m² entstört, von ca. 40,- DM auf ca. 80,- DM pro Stück angestiegen war, ließ dieses Team die Geräte einfach auf eigene Rechnung in Österreich herstellen und verwendete widerrechtlich eine **gelbe Marke als Geräteaufkleber** für die Fälschungen mit der **gleichen Nummer**, die ihm das österreichische Patentamt für den **Dienstleistungsschutz**, nämlich der Hausentstörung, erteilt hatte. Auch zu diesem Verhalten liegen Strickmuster vor. Wenn eine Wirtschaft einem Trinker wegen zu großem Zahlungsrückstand nichts mehr ausschenkt, geht er einfach in die nächste Wirschaft, aber Trinker sind charakterlos, so sagt man wenigstens.

Hinter diesen Vertragsbruch kam ich erst später nach vielen Monaten durch zahlreiche Telefonate aus und nach Österreich, denn die Gerätefälschungen haben keinen Entstöreffekt wie meine Originalgeräte,sondern bewirken lebensgefährliche Turbulenzen. Sofort nach Kenntnisnahme kündigte ich den Alleinvertrieb und sandte an andere Rutengänger in Kärnten Ersatzgeräte, um sie gegen die Fälschungen auszutauschen, bevor hierdurch womöglich ein Todesfall eintreten könnte. Nun ließ mir das Team von einem Anwalt in Kärnten schreiben, daß ich wegen Vertragsbruch durch Lieferung an andere Radiästheten des Schutzgebietes pro Geräte 736,- DM Schadenersatz zu leisten habe und man forderte von mir nahezu 40.000,- DM. Daraufhin warnte ich in zwei Zeitungen in Kärnten und der Steiermark durch Inserate, die mich über 1.500,- DM kosteten vor dem gefährlichen Gerätekopien.

Sie erinnern sich sicher an den oben geschilderten ähnlichen Fall, der fast genauso verlief, obwohl keiner etwas von dem anderen weiß. Verhaltensforscher könnten mit Sicherheit aus dem gleichen Verhalten in fast der gleichen Situation neue Erkenntnisse gewinnen. Vielleicht sind hier auch Parallelen zum Tierverhalten zu sehen. Instinkt der Hyänen schon zu knurren, bevor man sie angreift, aber nur, wenn sie sich durch die Anzahl in der Übermacht fühlen. Bei Hunden ist es ähnlich so. Viele beißen aus Angst. Man nennt sie Angstbeißer. Andere bellen und beißen nur, wenn sie ihr Herrchen dabei haben, weil sie annehmen, daß ihre vermeintlichen Gegner vor dem Herrchen die gleiche Angst haben wie sie selbst. Bei Menschen übernimmt ein Rechtsanwalt die Rolle des Herrchens.

Auf meine Inserate hin veröffentlichte das gleiche Team ein Inserat, in welchem es die **Fälschungen** meiner Erfindung als besser hinstellte, als meine **Originalgeräte**. – O tempores, o mores. –

In einem Bericht über dieses Team im Kärtner Magazin und einem weiteren im Alpen Adria Aktuell, die mir zugesandt wurden, erfuhr ich, daß das Team pro Hausentstörung 7.000,- Schilling, was dem Betrag von 1.000,- DM entspricht, kassiert hat. Pro Gerät mußten andere Radiästheten des geschützten Gebietes an das Team 200,- DM, d.h. nahezu das

Fünffache des Bezugspreises, bezahlen. Auch wird darüber berichtet, daß das betreffende Team durch die Hausentstörungen Haus und Hof in wenigen Monaten entschulden und vor einer Zwangsversteigerung retten konnte.

Nun mußte ich auch in dieser Angelegenheit einen Anwalt beauftragen, um wegen der Zahlungsrückstände eine Klage gegen dieses Team anzustreben. Auch dieser Prozeß wird wieder Kosten verursachen, die ich auf die Geräte umlegen muß. Ob die Zahlungsklage wegen der Rückstände Erfolg hat, bezweifle ich wegen bestehender Zahlungsunfähigkeit. Wenn ich nun rückblickend die Preisentwicklung meiner Geräte auf Ursache und Wirkung untersuche, so muß ich als Resümee feststellen, daß ein Verein der das Attribut **„Sozial“** in seiner Firmierung führt, zu verantworten hat, daß die Geräte nun notgedrungen das Doppelte für den Verbraucher kosten wie zuvor.

Vielleicht ist das Adjektiv „sozial“ auch nur für das Finanzamt in die Firmierung aufgenommen worden, damit eine gewisse Steuerentlastung bzw. Steuerbefreiung wegen vermeintlicher Gemeinnützigkeit erteilt werden kann, was aber dann auch schon wieder unsozial wäre.

Ich will mich nicht erdreisten, daß die Bedeutung des Wortes „sozial“ in Berlin nicht bekannt ist, denn das wären für die geplante Verlegung des Regierungssitzes von Bonn nach Berlin schlechte Prognosen.

Sie sehen, es gibt Geheimnisse, die sich nicht lösen lassen. Vielleicht finden Sie heraus, warum dieser Verein das Adjektiv „sozial“ verwendet.

2. Was heißt christlich, und was bedeutet es?

Christlich ist abgeleitet von Christus, denn er predigte die Nächstenliebe, das bedeutet Hilfeleistung mit Rat und Tat aus freien Stücken ohne Zwang. Unsere derzeitige Regierung führt die Bezeichnung „christlich“. Die Bundesminister der einzelnen Ressorts haben beim Amtsantritt einen Eid zu leisten, wonach sie verpflichtet sind, vom Volk Schaden abzuhalten und den Nutzen zu mehren.

Zusammenfassend kann man sagen, daß ein Minister einer christlichen Regierung somit aus zwei Gründen zur Hilfeleistung verpflichtet ist, so auch die Gesundheitsminister. Unter Hilfe verstehe ich nicht die Erstellung und Veröffentlichung unnützer Statistiken über Krankheitserhebungen, Krankenhäuser etc., sondern effektives Handeln zur Minderung von Schmerzen und Krankheiten, Ursachenforschung, Erfahrungsaustausch mit anderen Ländern, Koordination zwischen in- und ausländischen Instituten, die sich in dieser Richtung bemühen etc., d.h. Aktivitäten, die den kranken Menschen wirklich helfen, wobei jede geringste Chance aufgegriffen und zur Erprobung auf Eignung an Staatliche Hochschulen und Kliniken vermittelt bzw. delegiert wird. So stellt man sich sicherlich das Amt eines Gesundheitsministers vor. Wie ist es nun aber in Wirklichkeit.

Ich habe durch meine Forschung Erkenntnisse gewonnen, die das gesamte Heilwesen revolutionieren könnten, die schlagartig den für Statistiken oft gezählten und ebenso oft gerügten gesundheitsgefährdenden Konsum von Schmerztabletten auf ein Minimum reduzieren könnten, die die Heilbarkeit vieler zur Zeit als unheilbar geltenden Krankheiten ermöglichen könnten, die im Gesundheitswesen Einsparungen von vielen Milliarden bewirken und die die Lebenserwartung um viele schmerz- und leidensfreie Jahre erweitern könnten.

Es wäre sogar technisch möglich, ähnlich den Frühsport- und Aerobiksendungen morgens und abends die Jupitermusik abzuspielen und durch die Menthaltherapie bei den Zuhörern die über Nacht erworbenen Strahlenblockaden abzubauen und eine Gestirnstrahlendurchflutung zu bewirken, sodaß zumindest über Tag die Durchblutung und Regeneration gesichert wären. Schon hierdurch könnte man den Entwicklungsprozeß bis zur Entstehung chronischer Leiden mindestens auf die doppelte Anzahl der Jahre verlängern. Oben berichte ich von einer älteren Dame, die dasselbe durch Beten erreicht hat, wie sie sich erinnern werden.

Meine Bücher hierüber habe ich sofort nach Erscheinen an den Bundesforschungsminister Prof. Riesenhuber und an die Gesundheitsministerin Frau Prof. Dr. Lehr sodann, nach Ministerwechsel, die gleichen Bücher an die nachfolgende Gesundheitsministerin Frau Prof. Dr. Hasselfeldt gesandt, alle mit dem Erfolg gleich Null.

Aufgrund meiner negativen Erfahrungen habe ich an den jetzigen Minister Prof. Dr. Seehofer schon gar keine Bücher mehr versandt, sondern angerufen, wobei ich durch einen Referenten in einem Telefonat erfahren habe, daß kein Interesse besteht, und daß ich mich an die Kliniken direkt wenden solle.

Ich sandte meine Bücher darüber hinaus an mehrere Selbsthilfeverbände auf Bundesebene mit der Bitte um eine Buchbesprechung bzw. um Aufnahme in die Bücherliste ihrer Zeitschriften. Ich sandte meine Bücher an die Maximilian Universität in München, wo als sogenannte Münchener Modelle ein Pilotprojekt mit Naturmedizin neben der schulmedizinischen Ausbildung läuft, und wandte mich in mehreren Telefonaten persönlich an den Projektleiter Herrn Dr. Dieter Melchart. Er wollte sich bemühen, eine Klinik zur Erprobung meiner Gestirnstrahlentherapien zu finden, und ich glaube, daß er sich ehrlich darum bemüht hat, doch leider hat er keinen Professor gefunden, der an meinen Erkenntnissen interessiert ist, denn Gottes Gestirnstrahlen sind ja kostenlos zu haben, und kostenlose Strahlen kann man niemandem in Rechnung stellen.

So müssen Patienten weiterhin Schmerzen ertragen und vorzeitig an angeblich unheilbaren Krankheiten sterben, da die christliche Nächstenliebe nicht ausreicht, einen Finger für sie krumm zu machen. Es bleibt demnach scheinbar als einzige Leistung, die das Wort „christlich" ehrlich verdient, das „christliche Begräbnis", das aber wieder im Zuständigkeitsbereich der Kirchen liegt.

Wie Sie sehen, läßt sich auch dieses Geheimnis, weshalb sich unsere Regierung christlich nennt, nicht lösen.

Kommen wir zu dem dritten Geheimnis.

3. Was heißt recht und was bedeutet es?

Hier gibt es viele Sprichwörter, von denen ich zwei zitieren möchte. Recht ist nicht immer recht, sonst bräuchte man nicht darum zu streiten. Im Volksmund sagt man: „Wer heilt, hat recht". Aber unser Recht sagt: „Wer heilt, verstößt gegen das Heilpraktikergesetz und macht sich straffällig". Nun kann man nicht einfach sagen, daß unser von Menschen geschaffenes Gesetz gegen die von Gott gewollte Gesundheit gerichtet ist, denn in diesem Falle wäre es ein Gesetz gegen das Volk selbst. Unser Gesetz will nur die Menschen vor unsachgemäßem und betrügerischem Schaden durch sogenannte Quacksalber bewahren.

Wie oben erwähnt, hatte ich meine Bücher an Selbsthilfeverbände, so auch u.a. an den Bundesverband Neurodermitiskranker e.V. eingesandt. Als ich ca. 8 Monate später in Boppard, wo der Sitz ist, zu tun hatte, beabsichtigte ich dort einen kurzen Besuch abzustatten. Ich wurde nicht gerade freundlich empfangen und der ca. vierzigjährige Bundesbandsvorsitzende sagte mir, daß ich Glück hätte ihn anzutreffen, da er viel unterwegs sei. Dann ließ er mich mit meinen Entstörkoffer stehen und reinigte sich auf dem Schreibtisch sitzend zuerst einmal gemütlich die Fingernägel. Währenddessen sah ich mich in seinem Büro etwas um und gewahrte über ihm drei Strahlerbirnen (Spotlights), welche ich in jedem meiner Bücher auf den ersten Seiten als gefährlich bezeichne, da sie uns die Gestirnstrahlung rauben. Da ich immer noch Zeit hatte, setzte ich meinen Alukoffer ab und untersuchte einmal grob mit meinen Fernruten das Gebäude, wobei ich feststellte, daß quer durch das Haus ein ausgedehntes Erdstrahlenfeld verläuft. Als er sich schließlich an mich wandte, fragte ich, ob er meine Bücher erhalten und vielleicht auch schon gelesen habe, wobei ich auf die Gefahr durch die Strahler über ihm aufmerksam machte. Als er eine Gefährlichkeit derselben bestritt, wollte ich an ihm die Wirkung derselben demonstrieren, was er aber ablehnte. Sodann sagte ich ihm, daß quer durch das Haus ein ausgedehntes Strahlenfeld verlaufe, worauf er mir seine eigene Gabelrute aus Plastik zeigte und bekundete, selbst Radiästhet zu sein. Dann erklärte er mir, daß er früher mit seiner Familie in diesem Haus gewohnt habe, und sein Sohn seit dem Umzug in einen Neubau so gut wie frei von Neurodermitis sei, und seine Frau keine Schlafstörungen mehr habe. Ich fühlte mich überflüssig und verabschiedete mich mit der Bitte, meine Bücher zu lesen und in der Fachzeitschrift zu besprechen. Kurze Zeit danach erhielt ich von der Kreisverwaltung und von der Kriminalpolizei je ein Schreiben, in welchem ich zu einer Stellungnahme aufgefordert wurde, da seitens dieses Vorsitzenden eine Anzeige wegen Verstoßes gegen das Heilpraktikergesetz gegen mich erstattet worden sei.

Ich schilderte den Sachverhalt und erwähnte, daß ich in Zusammenarbeit mit Ärzten und Heilpraktikern und oft auf deren Empfehlung hin die Wohnhäuser strahlenbelasteter Patienten entstöre, und daß hier der gleiche Sachverhalt vorliegt, wie wenn ein Maurer auf Empfehlung eines Arztes bei einem Tuberkulosekranken ein Fenster bricht. Daß man schließlich die Erstellung der gesundheitlichen Voraussetzungen einer Wohnung nicht als „Heilen" bezeichnen kann.

Meinem Schreiben fügte ich eine Kopie des letzten Jahresberichtes bei, den ich mir beschaffen konnte. Hierin **bedauert der gleiche Vorsitzende**, daß sich 70 Mitglieder abgemeldet haben, da es Ihnen **gesundheitlich besser geht**. Dies ist fürwahr bedauerlich, denn jedes Mitglied bezahlt einen Jahresbeitrag von 48,- DM, während der Familienbeitrag 78,- DM pro Jahr beträgt. Wenn das mit den Abmeldungen so weitergeht, so muß er befürchten, daß er bald nicht mehr erster Klasse zur Begutachtung von Kureinrichtungen fahren kann, wo man ihn wie einen König behandelt und bewirtet, damit die Empfehlung in der Fachzeitschrift positiv ausfällt, sondern er muß wieder morgens im Büro seine Order empfangen. Auch kann er dann sein Erdstrahlenhaus nicht mehr an den Bundesverband vermieten, und ohne eine Entstörung, deren Möglichkeit ihm sicher nicht bekannt ist, da er meine Bücher nicht gelesen hat, ist dieses Haus zu Wohnzwecken völlig ungeeignet. Nun frage ich, ist es rechtens, daß dieser Vorsitzende, der sich auf Kosten vieler kranker und schmerzgeplagter Menschen ein schönes Leben macht, und er ist sicher nicht der Einzige, der seine Erfahrungen, die er als Radiästhet im eigenen Haus gemacht hat, den Menschen gegenüber, die ihm vertrauen und die ihn gewählt haben, verschweigt. Ist es rechtens, daß er ihnen im eigenen Interesse jede Möglichkeit zur Verbesserung ihrer Situation vorenthält? Und weiter frage ich mich nachträglich, aus welchem Grund er Anzeige gegen mich erstattet hat. Vielleicht hat er durch Überfliegen der Inhaltsverzeichnisse oder sogar durch Lesen in meinen Büchern Gefahren erkannt, die seine erworbenen Rechte beschneiden könnten, die aber im sachlichen Gegensatz zu dem Recht seiner Mitglieder auf Information stehen, drum frage ich, was recht ist.

Sie sehen, auch hier gibt es ein Geheimnis, das sich mit Logik nicht lösen läßt, oder wissen Sie was recht ist?

Es gibt meiner Ansicht nach viele Dinge, für die es auf Erden keine Regeln und Gesetze gibt, die man erst im Jenseits vor unserem höchsten Richter zu verantworten hat.

Im Verlauf eines langen Lebens, auf das ich zurückblicken kann, erfährt man häufig, daß durch ein kleines Mißgeschick, das einem widerfährt, ein größeres verhindert wird. Ein Beispiel hierfür: Hätte man damals Pech gehabt, für die Jungfernfahrt der Titanic kein Ticket mehr bekommen zu haben, so hätte sich dies später als Glück herausgestellt, da das Schiff verunglückte.

Nur selten erfährt man wie in diesem Fall die Alternative, die eingetreten wäre, wenn ...., und so habe ich mir angewöhnt, in allem Negativem, was mir widerfährt, etwas Positives zu sehen und zur Positivierung mein Möglichstes beizutragen nach dem Grundsatz: Reicht Dir das Leben eine Zitrone, mache daraus eine Limonade.

Wenn ich gerne beim Fischen zusehe und daher einem Angler die Würmer suche, mache ich im Falle einer falschen Anschuldigung – gefischt zu haben, einfach selbst die Fischprüfung. So entschied ich mich auf den obigen Fall hin zum Heilpraktikerstudium, das mir bereits viele Erkenntnise vermittelt hat und das mir die Möglichkeit bieten wird, weitere Geheimnisse zu lüften und Zusammenhänge zu erkennen. Ich hoffe und wünsche, daß ich gerade auf diesem Gebiet zum Nutzen und Wohlergehen der Menschheit noch viel beitragen kann.

Sollte ich an manchen Stellen sarkastisch oder beleidigend geworden sein, so bitte ich dies zu entschuldigen. Es war nicht meine Absicht, denn ich versichere Ihnen, daß ich ein friedliebender Mensch bin, wenn man mich in Ruhe läßt.

Mein Grundsatz lautet:
NOLE TURBERE MEIS CIRCULOS,
SONST STELLE ICH RIGOROS
FEHLER, SCHIMPF UND SCHANDE BLOSS
UND LASSE MEINE HUNDE LOS.

Mein Schema zur eigenständigen Forschung

Man muß hier unterscheiden, ob man auf einschlägige Literatur zurückgreifen kann, oder ob man völlig mittellos in ein unbekanntes Gebiet vorstößt, denn hierin unterscheiden sich die Techniken sehr wesentlich. Ich habe mir daher ein Schema mit einzelnen Schritten wie folgt zusammengestellt.

1) Gesetzmäßigkeit
   Aufsuchen von Gesetzmäßigkeiten, d.h. Erstellen von Gesetzen und Regeln.
2) Einheitlichkeit
   Überprüfung der Übereistimmungen bzw. Abweichungen und Widersprüchen sowie Abgrenzung in Bezeichnung, Gegenstand, Eigenschaften, Funktion.
3) Kausalität
   Untersuchung von Ursache und Wirkung bei schrittweisen Veränderungen der Bedingungen, Analyse, Synthese etc.
4) Kompatibilität und Differenzierung
   Vergleich mit anderem, Bekanntem auf Kongruenz, Parallelität, Proportionalität, Ähnlichkeit, Abhängigkeit etc.
5) Zugang durch Finden = Entdecken, Erfinden, Entwickeln (betr. Neues). Zugang durch Forschen = Deuten, Klären, Lösen, Lüften (betr. Vorhandenes).

Wie Sie aus dieser Auflistung unschwer erkennen werden, sind die drei letzten Geheimnisses mangels Einheitlichkeit nicht zu lösen. Abweichungen und Widersprüche zerstören den erforderlichen Zusammenhang.

Nachwort

Je mehr ein Mensch zu seinen Lebzeiten die Welt verändert, umso mehr Bedeutung erlangt er nach seinem Tode. Dies gilt sowohl für positive als auch für negative Veränderungen.

Manche, die sich für sehr bedeutungsvoll halten, verändern nichts, solche aber, die sich dem „gottgewollten Fortschritt zum Wohle der Menschheit" hindernd in den Weg stellen, verdienen unser Mitleid, denn sie werden sich vor unserem höchsten Richter dafür verantworten müssen.

Es gibt in der Geschichte zahlreiche Beispiele, in denen man Menschen zu ihren Lebzeiten verfolgt, und nach ihrem Tode im Denkmal verewigt hat. Es gibt ebensoviele Beispiele, in denen man Menschen zu ihren Lebzeiten Denkmale errichtete, die man nach ihrem Tode gestürzt hat.

Ich bin mir bewußt, daß meine Erkenntnisse – vor allem auf dem Gebiet des Gesundheitswesens – die Welt verändern werden, was dann einsetzen wird, wenn die Zeit dazu reif ist. Dies kann vielleicht in einigen hundert Jahren, auch aber schon sehr bald sein, ausgelöst durch die Kostenexplosion im Gesundheitswesen. Ich beanspruche für meine Person weder Denkmäler noch wünsche ich mir Anfeindungen und Verfolgungen. Ich wünsche und hoffe, daß ich meine Forschungsarbeit ohne unliebsame Störungen noch viele Jahre fortsetzen kann, was ich zu respektieren bitte.

Abschließend noch etwas zu den Strahlen selbst.

Geht man davon aus, daß uns die Gestirnstrahlen permanent Tag und Nach durchdringen und daß über unsere Füße und Hände selbst auf strahlenfreien bzw. entstörten Flächen aus der Umgebung Erdstrahlen eingeholt werden, die den Körper in entgegengesetzter Richtung durchwandern, so muß man diesen Strahlen notgedrungen einen größeren Effekt auf uns einräumen als den Strahlen der Sonne, welche täglich nur wenige Stunden auf uns einwirken und hierbei größtenteils von den Baustoffen unserer Häuser abgeschirmt werden.

Demnach kann man sagen, die Strahlen der Sonne bedeuten Licht – die der Gestirne bedeuten Leben.

Ich bin überzeugt, daß meine Erkenntnisse daher nur die winzige Spitze eines riesigen Eisberges darstellen, was sich in Zukunft erweisen wird, wenn man mit den gleichen Werkzeugen und Techniken die noch ver-

bleibenden Geheimnisse angeht. Die alsbaldige Beachtung meiner Erkenntnisse durch Politiker, Wissenschaftler, Heilpraktiker, Architekten, Designer, Modeschöpfer, Kunstgewerbler, Gärtner usw. dürfte ein weiteres Buch mit dem Titel „Sorgen von Morgen“ überflüssig machen. Das gilt insbesondere für das Gesundheitswesen, da die höhere Lebenserwartung auch eine längere Strahleneinwirkung mit sich bringt, sodaß durch chronische und sogenannte unheilbare Krankheiten eine unvorstellbare Kostenlawine auf uns zukommen wird. Die Auswirkungen werden nicht nur einzelne Völker treffen, sondern die ganze Menschheit, denn die Erfahrungen der letzten Jahre haben gezeigt, daß die Völker dichter zusammengerückt sind, sodaß schon alleine durch das Wohlstandsgefälle sogar regelrechte Völkerwanderungen ausgelöst werden können.
Ich möchte Sie nicht mit einer Biographie langweilen, doch gestatten Sie bitte, daß ich auf einige Zusammenhänge hinweise, die ich als göttliche Fügung ansehe.

Als ich fünf Jahre alt war, verstarb mein Vater. Er war Bau- und Maurermeister, wie auch schon sein Vater. So lag es nahe, daß auch ich nach dem Abitur das Bauhandwerk erlernte, zumal sich meine Mutter fünf Jahre nach dem Tod meines Vaters mit einem Zimmermeister wieder verheiratete. Nach Ablegung der Gesellenprüfung studierte ich in Frankfurt Berufspädagogik, d.h. die Fachgebiete Bau- und Holzgewerbe, Architektur, Wirtschaftslehre mit geistigen Wissenschaften, Pädagogik, Psychologie, Philosophie, etc. Auch hätte ich gerne Musik studiert, jedoch direkt nach dem Krieg bot sich hierzu wenig Gelegenheit, zudem stand der Wiederaufbau nach den Zerstörungen durch den zweiten Weltkrieg bevor. Ich hatte als Jugendlicher vier Jahre lang Klavierunterricht bekommen und so konnte ich mein Studium durch Klavierspielen in einer Kapelle selbst finanzieren, zudem arbeitete ich in den Semesterferien als Geselle im Baugewerbe. Nach Ablegung meiner beiden Staatsexamen war ich nahezu 35 Jahre als Oberstudienrat tätig und komponierte und textete in meiner Freizeit mehrere hundert Titel, die größtenteils auch in vielen Ländern auf Tonträgern erschienen sind und die im In- und Ausland im Funk- und TV-Programm gesendet werden.

In den letzten Jahren komponierte ich fast ausschließlich Titel für Blasmusik. So wurden von dem rumänischen Blasorchester im Austausch für die Lizenz von drei Langspielplatten mit Instrumentalmusik dreizehn Titel für eine CD mit dem Titel „Konzertante Klänge“ aufgenommen.

Meine letzte, größere Komposition, die ich auch für meine bedeutendste halte, ist das Konzert „Zurück zum ersten Jahrhundert“ mit den Teilen: Introduktion, Pompeji, Galeere und Golgatha. Danach hatte ich kaum noch Zeit für die Musik, da ich mich seit mehreren Jahren mit der Erforschung der Erd- und Gestirnstrahlen befasse.

Wenn ich nun im letzten Drittel des höchsten erreichbaren menschlichen Lebensalter zurückblicke, stelle ich fest, daß sich die drei Fäden „Architektur, Musik und Strahlen“ auf eine merkwürdige Art zusammenweben.

Für die Fernentstörungen, zu denen man mir die Haus- und Lagepläne zuschickt, benötige ich Kenntnisse im Planlesen, Maßumrechnungen etc. Sodann entdeckte ich, daß man mit Hilfe meiner Planetenmusik, d.h. der Titel Merkur und Jupiter, mental Gestirnstrahlen bzw. die Strahlen Gottes herabholen kann, sodaß es sogar beim Einsatz mehrerer Menschen möglich ist, große Flächen auf Dauer erdstrahlenfrei zu machen, worüber ich oben berichte.

Bei der letzten Aufführung meines Konzertes „Zurück zum ersten Jahrhundert“ als Kirchenkonzert am Palmsonntag kam mir der Gedanke, unter Ausnutzung der musikalischen Einstimmung beim Zuhörer noch vor dem Applaus eine Phase der mentalen Aufnahme göttlicher Strahlen einzufügen. Die spürbare Aufnahme dieser Strahlen könnte in unserem materialistischen Zeitalter, in dem sich eine gewisse Religionsmüdigkeit und ein kometenhafter Anstieg der Kriminalität abzeichnet, neue Akzente setzen. So ist es denkbar, daß sich Menschen, die sich von der traditionellen Form der Glaubensvermittlung nicht angesprochen fühlen, auf diese Weise für die Botschaft christlichen Glaubens wieder öffnen.

Sogar die Möglichkeit von wundersamen Heilungen kann nicht ausgeschlossen werden, denn die unermeßliche Energie Gottes, die leider von unserer Wissenschaft z.Zt. noch als nichtexistent angesehen wird, da sie mit den üblichen Meßgeräten nicht nachzuweisen ist, vermag Dinge zu bewirken, die wir Menschen nicht erträumen können.

Literaturnachweis

Erdstrahlen als Krankheits- und Krebserreger
von Gustav Freiherr von Pohl
Verlag Fortschritt für alle 1978

Neue Horizonte in der Medizin (2. erw. Auflage 1987)
von Dr. Fritz Albert Popp, Haug Verlag

Lehrbuch für Heilpraktiker
von Isolde Richter
Verlag Urban & Schwarzenberg 1990

Radiästhesie mit Stein und Ton (1. Aufl. 1991)
von Dr. Erwin Schick, Verlag Hirschberger

Der Radiästhet und Strahlenforscher Wilton Kullmann ist aktives Mitglied bei

The American Society of Dowsers Inc, Danville, Vermont, USA
The Center for Frontier Sciences, Temple University, Philadelphia, USA
Forscherkreis für Geobiologie, Waldbrunn
Freier Verband Deutscher Heilpraktiker e. V. München.

Auf besonderen Wunsch des ersten Vorsitzenden der Deutschen Gesellschaft für Geobiologie e. V. wird die noch bestehende Mitgliedschaft in der Auflistung nicht erwähnt. In einem Schreiben, das der Vorsitzende nach Erhalt eines signierten Exemplares „Die perfekte Hausentstörung" an den Autor richtete, distanziert er sich von Entstörmaßnahmen. Ferner schrieb er, daß er sich bisher mit der Produktion von Fahrradreifen begnügt habe, während der Autor gleich LKW-Reifen produzieren wolle, und daß er beim Lesen des Buches das Gefühl habe, bisher alles falsch gemacht zu haben. Ohne letzteres zu bestreiten, teilte ihm der Autor Kullmann daraufhin mit, daß er aber auf der Hut sein müsse, sonst könne es passieren, daß ihm die Heilpraktiker mit den LKW-Reifen davon fahren, und seinen Geobiologen nichts als ein schmerzlicher Blick in den Auspuff bleibt.

Die Bücher des gleichen Verfassers,
die im Wilhelm Ennsthaler Verlag bisher erschienen sind:

1. ERDSTRAHLEN UND GESTIRNSTRAHLEN – Neue Erkenntnisse, Ratschläge, Natur-Heilverfahren und Patente
2. GOTTES GESTIRNSTRAHLEN – lindern Schmerzen, heilen und verjüngen
3. DIE PERFEKTE HAUSENTSTÖRUNG – kurzgefaßte Fachkunde für Radiästheten
4. WISSEN VON MORGEN – Klärung mysteriöser Ereignisse, Deutung rätselhafter Naturerscheinungen und Lüftung uralter Geheimnisse